T0161693

Bernard Bourgeois est membre de l'Institut et professeur émérite d'Histoire de la philosophie à l'Université de Paris I. Il s'est consacré à l'étude de la pensée allemande, de Kant à Marx, notamment en son moment hégélien.

SEPT QUESTIONS POLITIQUES DU JOUR

MOMENTS PHILOSOPHIQUES

Bernard **BOURGEOIS**

SEPT QUESTIONS POLITIQUES DU JOUR

PARIS
LIBRAIRIE PHILOSOPHIQUE J. VRIN
6 place de la Sorbonne, V e
2017

© *Librairie Philosophique J. VRIN*, 2017
ISSN 1968-1178
ISBN 978-2-7116-2786-8
www.vrin.fr

AVANT PROPOS

Lorsque Francis Fukuyama proclama en 1992 la fin de l'histoire[1], il est vrai dans un ouvrage dont l'ultime ligne reconnaissait le caractère problématique d'une telle affirmation, on y vit une fantaisie spéculative que l'on reprocha aussi à Hegel, dont il disait s'inspirer. Hegel l'affirmait bien, mais, lui, sans façon, en tant qu'elle signifiait que la lente et longue recherche par l'histoire humaine – essentiellement conduite par la puissance effective du politique – des conditions objectives de la liberté mobilisant comme son essence l'agir des hommes, était achevée. Alors que, chez son bien contestable disciple, le contenu proposé de telles conditions était également fort incertain, Hegel en avait exposé clairement et fermement le système rationnel définitif dans ses *Principes de la philosophie du droit* de 1821, suffisamment anticipé

---

1. F. Fukuyama, *La fin de l'histoire et le dernier homme*, New York, 1992, trad. fr. D. A. Canal, Paris, Flammarion, 1992.

dans la première édition de l'*Encyclopédie des sciences philosophiques* en 1817, voici précisément deux siècles. Certes, un siècle plus tard, la négation marxiste du hégélianisme sembla démentir effectivement celui-ci, mais l'auto-destruction des régimes communistes allait bien avérer le système sociopolitique de la liberté élaboré par Hegel comme l'avenir objectif définitif de l'humanité. Et j'ai moi-même répété combien il me semblait que, à travers même sa luxuriance événementielle inouïe, l'histoire post-hégélienne avait été celle d'un monde resté, encore de nos jours, structurellement, pour l'essentiel, hégélien.

Certes, l'animation historique du politique qu'est la politique a beaucoup changé depuis Hegel, et les deux mouvements qui la marquent aujourd'hui, la sociétalisation et la mondialisation, paraissent bien fragiliser le socle du modèle hégélien qu'est l'État-nation. Assurément, la complexification innovante qu'ils imposent au contenu et à la forme de la politique semble bien exiger une révolution de son outillage conceptuel. Celle-ci devrait permettre de maîtriser, par exemple, le passage du mode institutionnel, fortement objectif, de la démocratie libérale solidaire, à un mode participatif d'elle-même, reconnaissant l'affirmation contemporaine de la subjectivité et de l'intersubjectivité citoyenne, comme on dit. L'actualité se donne bien en spectacle à elle-même à travers cette vague subjectiviste auto-valorisée.

Mais la difficulté des problèmes objectifs intensifiés notamment par la mondialisation, tel celui des migrations à caractère démographique et économique, ne saurait justifier en rien le renoncement à les affronter avec détermination et courage, ainsi que le recours – alibi trop facile – comme à un préalable méthodologique prétendument nécessaire à titre de moyen de traitement – à une réforme des institutions politiques et à une révolution alors purement idéologique de la pensée. Tout au contraire, le traitement sérieux des grandes questions se posant actuellement à la politique et dont les plus urgentes ne concernent pas le politique proprement dit fait apparaître la vertu persistante de l'instrument conceptuel révolutionné par Hegel effectivement. C'est sa mobilisation à la fois résolue et libre qui a armé la présente réflexion sur sept questions pleinement actuelles intéressant l'action politique.

Un tel horizon conceptuel, loin de constituer une limitation dogmatique, libère la compréhension de soi de l'actualité d'un enfermement insuffisamment critique en elle. Si tout discours est avéré de façon primaire par le donné immédiat *hic et nunc*, ce n'est pas suivant un lien positif lui-même immédiat avec celui-ci, mais à travers la négativité de la médiation qui le fonde. La facticité pure, même d'un consensus existant, ne vaut pas vérité, et l'accumulation journalistique ne nomme par l'être vrai. C'est l'objectivité rationnellement établie – et elle peut être ancienne – qui médiatise la vérité des affirmations subjectives et intersubjectives actuelles – même en leur production la plus réflexive. Voilà pourquoi, dans le traitement des sept questions, encore ou aussi actuelles, qui vont être examinées, je n'ai pas hésité à tenter de les clarifier en m'appuyant sur un legs conceptuel que l'effervescence de l'opinion, même savante, du jour, n'a nullement rendu obsolète.

I

FAIRE SOCIÉTÉ

« Faire société » : cette expression a-t-elle le sens pratique d'un slogan, d'un mot d'ordre : « Faites société ! », ou le sens théorique d'une interrogation : « Qu'est-ce donc, que faire société ? » A vrai dire, les deux sens n'en constituent qu'un. Car, si mot d'ordre il y a, sa raison d'être négative est le caractère encore absent de son exécution, c'est-à-dire l'inexistence de la société à laquelle il appelle. Or une telle société qui est à faire et qu'on définit même, dans le mot d'ordre en question, par ce caractère qu'elle est à faire, toujours à faire par des individus appelés à un sursaut socialisant permanent, ne saurait être du même type que celle que, si souvent dans leur histoire, les hommes ont entrepris de réaliser en se libérant de la société dans laquelle ils vivaient. Banal fut dans le passé le passage opéré de la société qui est et qui fait l'homme né et formé d'emblée en et par elle – mais, du coup, déshumanisé en quelque façon s'il doit, bien plutôt, se faire lui-même en sa liberté essentielle –, à la société que l'homme fait

véritablement en se faisant lui-même. L'histoire
de la société humaine fut bien ponctuée par les
révolutions, extérieures ou intérieures, violentes ou
pacifiantes, qui voulurent conduire de la passivité à
l'activité, de la servitude à la liberté, du mépris à
l'égalité, de l'égoïsme à la fraternité, ou, dans un
autre registre, de la société close à la société ouverte,
pour n'évoquer que quelques grands programmes
accomplis ou pensés par les hommes en leur
histoire. Ce n'est pas là ce à quoi peut tendre la
libération visée, se voulant novatrice, qui s'affirme
dans l'exhortation à faire société : faire société ne
saurait être refaire la société.

On est loin de Rousseau, de Kant, de Marx,
ou de Bergson! Le sens de l'expression, sur
laquelle il convient donc de s'interroger, est
cependant déjà lisible dans cette expression
même. Car le terme « société » y fonctionne, si
je puis dire, adverbialement, adjectivement, non
pas substantivement. Il n'y est pas exprimé que
les hommes ont à faire (en la refaisant) la ou une
société, le substantif, la substance – laquelle, en
tant que telle, d'ailleurs, en vérité, se fait bien
plutôt moyennant eux, à travers eux, comme
leur en-soi –, mais qu'ils font société, dans une
modalité (adverbiale, adjective) phénoménale de
leur existence agissante ainsi maintenue en son
individualité immédiate, dans une modalité qu'on
peut juger alors simple apparence. Adverbialiser
ou adjectiver un mot, le désubstantiver, c'est

bien, au fond, en désubstantialiser ou déréaliser le contenu : ainsi – et pour évoquer une autre dérive actuelle – la promotion des activités citoyennes est, au fond, la négation du citoyen. « Faire société » : ce langage est bien révélateur du souhait attribué à l'individu contemporain de se maintenir en sa liberté immédiate, vécue comme indéterminité, au sein de cette détermination – laquelle, comme telle, est toujours délimitation ou limitation – qu'est la vie sociale. L'appel à faire société peut, de la sorte, être compris comme soucieux de lier l'individu de façon positive ou immédiate, hors de toute discontinuité, rupture ou négation supposée nécessairement par une médiation, à cette désubstantialisation, tenue pour libératrice, de la société qu'est d'abord le social, mais plus sûrement encore – car le social, comme l'histoire de sa théorie et de sa pratique le montre, se laisse vite resubstantialiser (« Vive la sociale ! ») – ce qu'on lui préfère souvent aujourd'hui : le *sociétal*.

Je tenterai, dans un premier temps, d'analyser le sens positif et les conditions réelles de la venue à la conscience pratique d'une telle connexion immédiate de la liberté de l'individu et de son engagement social-sociétal, comme contenu spécifique de l'appel, qui se veut novateur, à faire société. Dans un second moment, je m'emploierai à soumettre à la raison critique la vérité pratique revendiquée de cet appel, qui s'imagine que la liberté peut s'affirmer elle-même sans se libérer d'elle-même prise en l'immédiateté de son être, et sans assumer la négation de soi qu'est son acte absolu de se médiatiser avec elle-même.

L'appel à faire société, comme appel à une « sociétalisation » du social, se propose une réappropriation par les individus d'une société qu'ils vivent comme aliénante dans la mesure où son unité nie leur interaction, sa structure différenciée la singularité totale de chacun, sa rigidité leur vitalité. Assurément, le socialisme, notamment marxiste, se proposait bien, lui aussi, le passage de la société aliénante à l'association humanisante, épanouissante et vivifiante des travailleurs, mais la libération de la spontanéité interhumaine était logée dans l'avenir, et un avenir au surplus compromis par le processus qui devait y conduire en étant guidé par une pensée subordonnant aux rapports, comme tels chosifiants, de la production, la force créatrice de celle-ci. Or ce qui importe, c'est que, quelle que soit son contenu objectif, la vie sociale soit portée par la spontanéité ; ce qui importe, c'est la forme même du faire-société. Et c'est cette forme qu'il s'agit d'actualiser dès maintenant au sein de la société existante, comme un foyer d'humanisation des individus à partir duquel ceux-ci pourront affronter avec plus de force la négativité objective des structures sociales. On s'engage ainsi dans une sorte de réanimation psychologisante de la société réelle, comme si Tarde pouvait sauver de la réification durkheimienne de la vie sociale.

Mais il ne faut pas radicaliser en une novation absolue une telle mobilisation sociétale de l'état social. Car la mise en question de la structure établie de la société est inscrite dans la dynamique même de cette société prise en tant que telle, proprement sociale, qui s'appelle depuis le XVIIIᵉ siècle la *société civile*, à distinguer des improprement dites sociétés, au-dessous d'elle, de la famille, et, au-dessus d'elle, de l'État-nation. Tandis que la structure familiale et la structure étatique-nationale lient par essence intimement l'individu et le tout réel qu'elles constituent alors, la structure sociale fait s'affirmer en même temps, mais en les distançant de plus en plus l'un de l'autre dans le tout détotalisant, en cela contradictoire et donc négatif, qu'elle est, le singulier et l'universel. La vie sociale, plus précisément économico-juridico-culturelle, est bien marquée – Hegel avait, il y a deux-cents ans, théorisé son avenir définitif – par l'individualisation et la mondialisation antinomiques également croissantes de la condition humaine. L'activation économique du travailleur de plus en plus spécialisé le fait s'affirmer en sa singularité de plus en plus nue ou abstraite, mais dans une solidarité subie, tel un destin, de plus en plus universelle et, par là, de moins en moins maitrisable par lui. Son Moi de plus en plus sollicité a de moins en moins d'être dans un monde de plus en plus massif, mais de moins en moins réfléchi en un sens dans l'enchevêtrement de ses réseaux. La technologie informatique redouble culturellement le court-circuit marchand entre l'individu ainsi déréalisé, rendu virtuel ou formel, et un monde se bouclant dans une opacité à lui-même qui lui interdit d'être un chez-soi. C'est une telle détotalisation du social, en son emballement contemporain, qui conditionne la réaction sociétale, elle-même court chemin entre des individus dont la spontanéité « s'éclate », d'abord dans les marges de la réalité laborieuse, à travers leur rencontre indifférenciante, du loisir à la fête, les uns avec les autres. Mais le développement détotalisant imma-nent à la société civile a des effets généraux dans son contexte le plus réel, dès lors réceptif, lui aussi, globalement, à l'appel à faire société.

La dynamique détotalisante de la société, d'abord économique, immédiatement réelle en ce qu'elle médiatise les relations entre les personnes par les relations marchandes avec les choses, fragilise nécessairement les deux touts que sont la communauté familiale et la communauté politique, directement interpersonnelles, et ainsi plus spiri-tuelles ou idéelles. La première communauté, pourtant privée ou intime, n'émancipe guère la singularité, et la seconde communauté, pourtant publique, ne réalise pas l'universalité, c'est-à-dire les deux moments de l'existence humaine intensifiés par la vie sociale. Celle-ci nie aussi le caractère total de la famille et de l'État, en tant qu'il intériorise le pouvoir du tout sur l'individu en en faisant, dans et pour ce dernier, un devoir, et un devoir qui, ancré familialement dans la différence naturelle (homme-femme, adulte-enfant ...) et politiquement dans la différence institutionnelle, apparaît socialement abusif et dépassé. Car l'individu social revendique d'abord, en sa liberté formelle absolutisée en sa seule identité à soi, des droits; au nom d'une telle liberté, il oppose ces droits à toute limite naturelle ou institutionnelle. On accentue, en l'exploitant, une certaine pente, soit du socialisme traditionnel, soit d'un libéralisme, voire anarchisme, préférant l'énergie sociale individualisante au frein familial et étatique, on veut faire société et dans la famille et dans l'État, en y actualisant un libre arbitre ouvert et mobile, au plus loin des rigidités et scléroses statutaires procédant de la nature ou de l'institution. Et, puisque la loi de contenu naturel ou institutionnel n'a formellement valeur effective de loi que par la prérogative législative de l'État, c'est à l'intérieur de celui-ci et chez les citoyens – dont le vouloir le constitue – que le sociétalisme cherche à faire prévaloir l'interaction vivante des individus comme source constante de son établissement et de son fonctionnement. L'auto-négation de la société en sa propre structuration rigide (division du travail, différence des classes, syndicats...), la libération sociétale de la vie sociale, semble ne pouvoir être assurée que par celle de la vie politique.

Celle-ci offre bien un renoncement de l'État – c'est-à-dire, au fond, des citoyens pris dans une culture où se réfléchit d'abord une vie sociale qui tente d'y nouer sa double affirmation du Moi et de l'universel dans la formation du « Je pense » –, à certaines de ses responsabilités. La politisation maîtrisante, qui l'excède, de la mondialisation socio-économique l'amène à déléguer certains pouvoirs, au-dessus de lui, à des Organisations, Commissions et autres Cours européennes et internationales dont le fonctionnement est, en réalité, de type social (l'ONU reste bien une *Société* des nations !) et qui peuvent même comprendre des regroupements non étatiques (ONG). A l'intérieur de l'État-nation, la montée en puissance d'une économie de plus en plus technicisée et se complexifiant de plus en plus et de plus en plus vite pousse à compenser la réglementation abstraite et statique qu'il en opère par la régulation souple et vivante de l'existence socio-politique, qu'il confie à des autorités administratives indépendantes, à des comités d'experts ou de sages, voire à de simples mouvements de citoyens, s'exprimant parfois, d'ailleurs, simplement à titre d'agents sociaux (ne tend-on pas, il est vrai, à définir la citoyenneté par la socialité ?). Ce retrait de l'État est celui de la loi au sein du droit. Celle-ci est mobilisée, en aval, dans ce qui n'est jamais sa simple application, par sa concrétisation judiciaire raisonnée, et, en amont, par sa préparation contractuelle également raisonnée.

Une telle juridicisation de l'État est bien aussi sa socialisation, mieux : sa sociétalisation, dans la mesure où la décision du juge et le contrat des citoyens ne valent que comme arrêts provisoires du débat raisonné, raisonnable, intérieur ou extérieur, qu'ils conduisent. Cette contractualisation continue du politique, cette démarche procédurale réitérée qui charpente la démocratie participative où on le fait s'accomplir, est bien, comme interaction argumentante, raisonnable, par là universalisante, des individus, l'achèvement du « faire société ».

Elle s'est même dite telle dans la réflexion sur soi philosophique de la culture de notre temps, qui a cru pouvoir refonder sur elle la raison socio-politique et la raison en général consciente de soi philosophiquement, ce dont on ne s'étonnera guère si l'on pense, comme Platon et Hegel, entre autres, qu'un même destin lie intimement l'État et la raison. De la volumineuse littérature gravitant autour de l'entreprise multiforme de la refondation rationnelle procédurale-sociétale d'une nouvelle république, je n'évoquerai, à titre d'exemple, que l'intervention de Habermas. Celui-ci s'inscrit, certes, dans la postérité de l'universalisme kantien, mais il rejette le dogmatisme jugé désuet d'une auto-position impérative immédiate de la raison pratique dans le sujet pensant d'emblée présent à lui-même dans son abstraction. Car le sujet réel s'expérimente consciemment, à notre époque, comme une intersubjectivité, une communication des Moi qui s'affirme elle-même – ainsi qu'elle le sait parfaitement depuis l'événement philosophique décisif constitué par le récent « tournant linguistique » – dans le dialogue ; celui-ci culmine dans la discussion argumentée, qui construit toutes les normes – du juste comme du vrai – et d'abord celles de sa propre construction, assurant l'obtention d'un consensus, d'un accord, à la fois en droit et en fait, car *causa sui*, universalisable. La rhétorique procédurale – qui s'illustre particulièrement dans le processus judiciaire – peut seule, et doit donc, aussi, fonder et légitimer l'unité normative, l'autorité souveraine, de la république démocratiquement (et ce n'est guère kantien !) restituée. Dans la mesure où une telle démocratie participative identifie aux bénéficiaires du droit concrétisé ses auteurs mêmes, à la limite tous les individus agissant dans le cadre de leur statut proprement politique, mais aussi déjà comme individus sociaux, elle rompt autant avec la démocratie formelle libérale qu'avec l'État-providence, qui n'est rien d'autre que l'État traditionnel élargissant sa tâche à la protection sociale des individus. Il reste, dans cette tâche élargie, le tout étatique puissant – qui peut devenir dictatorial – dans le milieu social ; l'espace proprement politique n'y a pas encore fait place à l'espace plus originairement public, cette sociétalisation du politique. Celle-ci ne s'affirme encore pleinement que dans l'idéalité philosophique. La question qui se pose est donc celle de sa réalisation effective : est-elle possible, c'est-à-dire d'abord – comme elle doit l'être d'après les hérauts du « faire société » – rationnelle ?

La question doit se poser, devant les résultats limités, au surplus incertains, de la procédu-ralisation entreprise du droit socio-politique. La *réglementation* ne s'est pas véritablement effacée devant une *régulation* qui, depuis sa seule spontanéité basique disséminée, aurait pu assurer l'indispensable harmonisation du jeu des Autorités administratives indépendantes, ou l'amiable conciliation arbitrale des parties en conflit. Livrées à elles-mêmes, ces procédures régulatrices d'autre chose ne peuvent même pas se réguler elles-mêmes en régulant leurs rapports, sinon en se durcissant dans des règles que leur fixation native à soi rend plus excluantes et partisanes que les règles édictées dans le cadre universel des lois. Et que dire de l'auto-régulation des marchés, dont la crise actuelle montre assez que leur interdépendance simplement réticulée les empêche de s'harmoniser en un tout socialement pacifié ? Ceux-là mêmes qui veulent voir la citoyenneté consacrer la simple activité sociale-sociétale réclament alors l'intervention négative et positive de l'État comme tel dans une vie socio-économique qui, ne pouvant pas se porter elle-même, peut encore moins le porter lui-même.

L'interaction sociale-sociétale ne peut s'harmoniser elle-même, et par là être viable, que par la présence agissante, même tacite et implicite, du politique réalisé par l'État-nation. Le sociétal ne s'intègre socialement que moyennant cet État dont la retenue et la limitation, c'est-à-dire, en vérité, l'auto-négation, est encore une action ou l'auto-position, sans doute même la plus haute. Ce qui fait que, au niveau supra-national ou supra-étatique, la société des nations n'est, comme simple société, forte que de la force prêtée à elle par les Etats, lesquels restent souverains même dans la délégation, toujours conditionnée, de leur souveraineté aux instances supra-nationales. Certes, c'est le droit qui justifie aussi l'État, mais c'est l'État, détenteur de la force, qui fait exister le droit, tout droit, et, puisque le droit, comme tel, doit exister, il justifie l'existence de l'État disant ou laissant dire, par la société, le droit, tout droit.

Dans le cas du droit intra-national, et du fait que l'État est l'organisation politique de la nation, cette communauté symbolique native qui lie ses membres en un véritable tout, l'autorité du droit qui est légitimé par lui est intériorisée en eux comme un ordre qu'ils se donnent à eux-mêmes, et, par là même, est considérablement renforcée en sa puissance de fait, qui, pour lui – je viens de l'évoquer – est aussi de droit. Une telle incarnation, une telle réalisation concrète, essentielle au droit, interdit à l'entendement juridique mobilisé par l'État tout idéalisme égalisateur d'un tel droit, qui ferait arbitrairement abstraction de l'être ontologique – explicable par la raison philosophante et sensible à la raison commune – de la coexistence humaine que le droit est appelé à régler. Ainsi, la prégnance native, héritée, de la communauté nationale et celle de la communauté, d'abord charnelle, qu'est la famille empêchent d'y faire société. Elles constituent, bien plutôt, l'ancrage nécessaire immédiat des individus dans un tout qui, comme tel auto-suffisant, a un être plénier où ils peuvent s'assurer pour affronter le risque de la tension sociale essentielle du singulier et de l'universel, ainsi que l'aventure de la fusion passagère et superficielle de ces deux moments dans la réaction sociétale. La société, elle aussi, dans son unité opposée à elle-même, encadre et fixe la simple interaction, encore moins conjoignante des individus, dans des structures particulières déter-minant ou différenciant son sens général d'unité tendue, imparfaite, de la vie des hommes, et qui, elles-mêmes, se différencient plus avant en des rôles singularisés portant, tout en les limitant, les spontanéités interagissantes. C'est pourquoi le national-étatique porte le social, qui, lui-même, porte le sociétal. Le destin de la juridicisation, même immédiatement sociale-sociétale, confirme que c'est toujours le sujet commun, plus ou moins substantiel, qui fait être, en sa diverse intensité, l'intersubjectivité. Au fond, et plus généralement, *c'est toujours par l'unité qu'est l'unification*. Même lorsque celle-ci est dans sa plus grande force, c'est-à-dire dans le cas de l'unification politique internationale, où les agents de l'unification se révèlent être le pouvoir souverain.

Et pourtant, le « contrat social » semble bien désigner le passage positif, continu, du social : l'interaction, l'unification, au politique : l'unité, le tout. Mais, à la différence de ce qui a lieu chez nombre de penseurs contemporains – qui veulent voir le contrat investir le droit en y supplantant la loi, et, pour ce, ne pas s'annuler dans un pacte supprimant les contractants dans l'unité que dira la loi –, le « contrat social », chez Rousseau (qui ne distingue pas, comme on le fera peu après lui, le social et le politique) a bien le sens d'une auto-négation des contractants dans le pacte libérant la volonté générale. C'est, en vérité, la volonté générale ou l'idée pratique de l'unité communautaire, agissante déjà dans chaque individu contractant, qui le fait s'aliéner, se nier dans et comme elle, se substituant elle-même, comme volonté conventionnelle, à sa liberté naturelle particularisée. C'est bien l'unité du pacte qui porte l'unification contractante plurielle. – Chez Kant, le « contrat originaire » ne produit pas davantage réellement la communauté étatique. Il est le contenu d'une idée servant de critère de justification d'un État : l'État rationnel pratiquement ou juste est celui dont je dois pouvoir considérer que j'aurais pu le vouloir avec d'autres, en tant qu'être raisonnable, tel qu'il est. Mais une telle justification de l'État, qui, seul, peut faire être le droit, lequel exige d'être, parce qu'il en a la force, peut consacrer un État dont l'origine réelle est en général la force par laquelle un individu impose aux autres l'idée de l'unité étatique qui agit de la sorte, et s'auto-pose, à travers lui. – Je ne dirai rien de Hegel, qui serait pourtant le témoin à charge le plus lourd contre l'absorption politique, et, plus largement, pratique de l'unité dans l'unification, ou de la totalité dans l'interaction. – Je m'en tiendrai donc à Kant, d'autant plus que c'est aussi le patronage de celui-ci que revendiquent les partisans de la procéduralisation, dans l'interaction régulée, de la raison.

Le patronage kantien assez souvent revendiqué par les tenants d'une raison procédurale – Habermas, mais aussi Perelman, Rawls, et bien d'autres, qu'aucune méta-raison procédurale, d'ailleurs, n'a pu faire s'accorder ! – se justifie par la reprise se voulant concrétisante et actualisante de l'identification de la vérité ou objectivité et de l'universalité subjective d'un jugement. On considère comme juste – théoriquement et pratiquement – le jugement concluant une discussion argumentée par un accord ou consensus universel : l'interactivité théorique ou discursive universelle fonderait le contenu rationnel. On veut voir le germe d'un tel thème notamment dans la théorie kantienne des jugements réfléchissants : leur universalité subjective conclurait la réflexion commune dégageant le sens ou le concept non objectif d'une expérience sensible –

car, pour Kant, si l'objet se dit dans l'intersubjectif, l'intersubjectif ne fait pas l'objet. Mais Kant fait reposer la possibilité même de tels jugements théoriquement non objectivables sur la raison nativement agissante au cœur de toute subjectivité et qui, comme totalité du sens, n'est objectivante ou véritative qu'en tant que raison pratique. Son intervention fondant ainsi toute vérité théorique aussi bien que pratique est le commandement de l'unité ou universalité, l'objectivité absolue de la loi morale, compréhensible en sa simplicité sans le moindre discours, *a fortiori* intersubjectif. Or, c'est précisément ce verbe non discursif fondateur de toute vérité et valeur que l'on tient comme ne pouvant plus être entendu par la (post-)modernité, alors condamnée à la ratiocination procédurière en quête – puisqu'il n'y a plus pour elle d'unité originaire – d'une unification finale de l'existence et coexistence humaine. Le kantisme n'est pas, j'y insiste, une *philosophie de l'unification*, de la synthèse, mais une *philosophie de l'unité*, originairement pratique ou normative, de l'unification ou de la synthèse. La raison kantienne est, dans ses jugements, fonda-mentalement déterminante, et, en tant que tout s'auto-posant, autodétermination, identité qui se différencie effectivement, elle n'est pas en son fond réfléchissante, c'est-à-dire totalisation entreprise par la différence cherchant vainement, comme première, à s'identifier. La raison procédurale est l'inverse, et c'est ce qui fait sa faiblesse. Le néo-kantisme qu'elle veut être est la négation principielle – c'est-à-dire dans son principe – de la raison kantienne. Ce qui n'est pas sans risque.

La raison procédurale nie factuellement, immédiatement, en quelque sorte sans autre forme de procès (car c'est un fait, dit-on, que la conscience contemporaine n'entend plus l'injonction kantienne), le « *Faktum rationis* », le fait de la raison éthico-politique ; sans voir que ce fait, comme fait normatif, disqualifie sa dénégation simplement empirique, puisqu'il est le fait de ce qui n'est pas un simple fait. Une telle justification bien fragile de son entrée en scène par la raison procédurale se prolonge dans le résultat peu fondé de sa mise en œuvre. Le kantisme disait l'auto-fondation absolue – à travers l'impératif catégorique – de l'autodétermination de la raison pratique éthico-juridique à travers la métaphysique des mœurs immédiatement agissante dans chaque subjectivité et explicitée dans l'argumentation systématisante de la conscience philosophique ; une telle autodétermination absolument fondée de la raison pratique s'offrait dans l'hégélianisme, suivant un tout autre régime, la dialectique se substituant à la déduction dans le systématisation philosophique de cette raison. La position procédurale des normes rationnelles dans la discussion à vocation universelle est, au contraire, fort peu auto-fondatrice, bien qu'elle se présente comme leur fondation immanente la plus concrète. Le « faire-société » discursif des acteurs du droit politique, par exemple, ne semble guère pouvoir, par lui-même, en fixer les normes. L'universalité effective des interlocuteurs n'est jamais atteinte, et, surtout, cette universalité des points de vue subjectifs – comme telle formelle – sur un objectif qui doit être un contenu en soi universel, ce qui est juste pour tous et les réconcilie en une solide unité ou totalité pratique, ne peut par elle-même produire ou garantir un tel contenu. Celui-ci peut être saisi par un seul sujet, capable de restituer en lui l'auto-détermination de la raison en lui d'emblée substantielle, tout comme, à l'inverse, tous peuvent intersubjectivement s'accorder, à travers le plein exercice de la raison procédurale, dans le manquement du sens total vrai de la pratique. Le consensus ne suffit jamais à faire paraître le juste, qui, bien plutôt, seul, est aussi bien sa fondation que son fondement. Pour que leur débat même sur le juste soit fécond en étant lui-même juste, il lui faut se guider par une idée anticipée de ce juste, alors auto-producteur en eux. Chaque individu doit ainsi s'unir en pensée et en volonté, même encore dans l'obscurité, avec l'Un qu'est ce juste, pour pouvoir s'unir avec les autres individus. C'est la dialectique de cet Un qui fonde en tout sens le dialogue des multiples : la raison procédurale ne saurait opposer celui-ci à celle-là, sans se détruire elle-même. Dans la théorie comme dans la pratique, et dans la théorie de la pratique, toujours le tout qui se différencie effectivement porte la différence qui ne fait que tendre à se totaliser. Il en est ainsi partout dans le domaine de l'esprit, où la descente de l'Un fonde l'ascension du multiple.

On peut ainsi conclure que, à quelque niveau que ce soit de la relation pratique entre les hommes, le « faire-société », en tant qu'expansion positive des sujets dans une intersubjectivité ne décollant pas d'eux, ne saurait être pensé comme le principe de la société et de l'individualité accomplies, qui n'ont proprement d'être que dans leur réunion médiatisée, donc transie de négativité. La pure interaction des individus, celle du « faire-société » immédiat, dans l'émotion festive ou dans le jeu informatique, comme celle du « faire-société » d'une société totalisée dans la rhétorique de la discussion, ne peut être à l'origine d'une unité réelle des hommes. Celle-ci s'affirme originellement dans la réalité, ou originairement par son idée agissante, dans les individus, à travers une auto-négation de ceux-ci pressentant qu'ils s'élèvent par elle de leur (pseudo-) liberté naturelle à leur (vraie) liberté raisonnable. Le « faire-société » n'est bien qu'une détente, distraction ou récréation, sans doute bienvenue anthropologiquement – car la récréation recrée en son énergie comme telle non limitée ou déterminée –, dans l'assomption tendue par l'homme de la raison pratique, qui est, elle, sa grande libératrice.

II.

LA NATION : DEVOIR DE MÉMOIRE
ET DEVOIR D'OUBLI

La conjonction récente, notamment française, de l'interrogation sur l'opportunité d'une réaffirmation de l'identité nationale, et de l'interrogation sur la nécessité d'un devoir de mémoire, semble bien faire s'aiguiser une contradiction essentielle à l'unité nationale. Cette contradiction opposerait, d'une part, l'insertion de l'unité ou de l'union nationale, qui, sans cela, resterait un pur formalisme du vouloir, dans une identité définie, finie, passée, d'elle-même, et d'autre part, le rappel de ce passé comme étant bien plutôt celui de la dissension et désunion violente, inhumaine, de la nation. De fait, la contradiction est bien réelle entre ceux qui célèbrent l'identité nationale, dont les vicissitudes intérieures sont généralement gommées par eux dans l'exaltation nationaliste de leur négation face à l'extérieur, et ceux qui, en appelant au devoir de mémoire, relativisent pour le moins la nation ramenée à ses différends intérieurs au profit d'un universalisme ou cosmopolitisme pacificateur. Le contexte actuel de la mondialisation socio-économique semble alors faire vérifier par l'histoire réelle le dépassement d'abord idéal, même politiquement parlant, de l'unité nationale comme identité héritée, native, c'est-à-dire proprement comme nationale. Un tel destin manifesterait et réaliserait comme telle, en la vouant dès lors, et, avec elle, la nation, à disparaître, la contradiction constitutive de cette nation telle qu'elle s'est dite en son accomplissement révolutionnaire d'elle-même dans la France de 1789 : la « grande Nation » s'est bien voulue à l'époque comme une nation singulière réelle, la française, et comme la nation idéale universelle, représentant le genre humain. Le présent débat français sur la nation prise dans la mondialisation peut ainsi apparaître comme le symptôme aggravant d'une crise de la nation qui serait la crise définitive d'elle-même.

Cependant, pour autant que la mondialisation est elle-même aujourd'hui plongée dans une crise qui l'affecte en son socle économique et qui semble redonner du poids, au moins dans le débat idéologique, l'idéalité de la pensée, à la réalité nationale, la question est en quelque sorte imposée de savoir si l'affirmation de celle-ci n'est pas encore pleinement raisonnable. Assurément, elle ne peut être telle que si les deux revendications, de fait immédiatement opposées, d'une identité nationale particularisante et d'un jugement mémoriel impliquant un souci universaliste sont conciliables dans le climat culturel-spirituel de notre monde. Je crois qu'elles le sont et vais tenter de le montrer.

La nation est une *unité*, et une unité qui, même native, en quelque sorte naturelle pour ses membres, est de l'ordre d'une seconde nature, puisque ceux-ci, en leur capacité de liberté, la posent en l'acceptant, voire en l'instituant. Mais cette unité ainsi naturellement contingente *dure* comme une nature, et même plus qu'une nature, en sa longue histoire, demeurant, dans les vicissitudes historiques, identique à elle-même. L'unité *nationale* est une *identité* nationale. Deux grands penseurs et savants français, qui m'accompagneront dans cet exposé, ont souligné cette identité à soi durable de la nation : Ernest Renan, dans son admirable et insurpassée conférence de 1882 en Sorbonne « Qu'est-ce qu'une nation ? » [1], et Fernand Braudel, dans son si vivant ouvrage *Identité de la France* [2], paru un siècle plus tard, en 1986.

L'un et l'autre, certes, marquent bien que la nation comme nation, comme ce que nous entendons maintenant par nation, n'a pas toujours existé. Pour Renan, la cité grecque et l'empire romain n'ont rien

1. *Cf.* E. Renan, *Qu'est-ce qu'une nation ? et autres Essais politiques*, Paris, Presses Pocket, 1992
2. *Cf.* F. Braudel, *L'identité de la France*, 3 tomes, Paris, Arthaud-Flammarion, 1981.

de proprement national, et ce sont seulement les Germains qui introduisirent le principe des nations. Selon Braudel, la France, par exemple, première nation assurée étatiquement en Europe, ne s'est affirmée vraiment ou complètement ni avec Jeanne d'Arc, ni même avec la Révolution de 1789, mais seulement avec les tardives liaisons des chemins de fer et l'extension de l'école primaire. Cependant, l'être de la nation s'est préparé et anticipé au cours d'un interminable passé, dans le plus long temps de l'histoire, voire de la préhistoire ; tel est le leitmotiv de Braudel, pour qui la France est en cause, pour le moins, dès la Gaule ! Or la longue durée de la nation la maintiendra dans l'avenir. Renan considère que les nations existeront encore dans des centaines d'années, même s'il envisage la probabilité, pour les nations européennes, de se fondre un jour lointain dans une confédération ; ne sera-ce pas, toutefois, pour autant que celle-ci sera devenue elle-même une (plus grande) nation, une nation européenne dont la possibilité est absolument problématique ? Braudel me semble, lui aussi, croire au caractère durable, en toute leur vivante évolution, des nations dans les temps à venir, dont l'existence n'est pas, d'après lui, seulement de fait, mais, au fond, de droit : « Je crois en une certaine logique des nations »[1]. Invitation à discuter, sans oublier la réalité de l'histoire, de la raison d'être de la nation.

1. F. Braudel, *L'identité de la France*, p. 278.

On pourrait – on a pu – être tenté de fonder, comme sur son principe, l'identité à soi de l'unité nationale sur l'identité à soi présupposée naturellement ou posée culturellement d'une dimension jugée essentielle de l'existence humaine. Qu'il s'agisse de l'unité géographique des frontières naturelles du lieu de vie d'une population, de l'unité psycho-biologique d'une race ou d'une ethnie, de l'unité de la langue, de celle des intérêts économiques, de l'unité religieuse, etc. Mais Renan, entre autres, a bien montré que, loin d'être un principe, ces différentes unités extra-nationales ne sont même pas des conditions nécessaires de l'existence d'une nation ; les exemples en sont légion. Braudel l'illustre à travers le cas de la France, où est absente toute unité physique, économique, sociale, culturelle, religieuse : dans chacun de ces domaines, la non-identité géographique et historique se déploie bien de la diversité passive à l'activisme oppositionnel. Reprenant le constat de Lucien Febvre : « La France se nomme diversité », il insiste : « La France *est* diversité »[1]. Ainsi, faisant écho à Renan déclarant que « faire reposer la politique sur l'analyse ethnographique, c'est la faire reposer sur une chimère », et que « les plus nobles pays, l'Angleterre, la France et l'Italie, sont ceux où le sang est le plus mêlé »[2], Braudel souligne que la France a été, depuis le néolithique, contrainte

1. *Ibid.*, t. I, p. 29.
2. E. Renan, *Qu'est-ce qu'une nation ?*, p. 46-47.

déjà géographiquement par son caractère de goulot de l'entonnoir européen, le lieu pré-historique puis historique privilégié du métissage de ses peuples. Si, donc, l'identité nationale devait se fonder sur l'être identique à soi d'une autre détermination de la vie des hommes, la diversité factuelle d'une telle détermination aurait rendu impossible, exemplairement, la première nation européenne moderne : « La France ne devrait pas exister »[1]. Une telle raison d'être serait bien plutôt, pour la nation en question, une raison de ne pas être.

Il y a plus. Si l'identité nationale n'a pas hors d'elle-même sa raison d'être qui serait alors pour elle un destin pouvant la faire disparaître, elle n'est pas non plus elle-même pour elle-même un tel destin sous la forme d'un être immédiat d'elle-même, de sorte que son être serait sa raison, mais non sa raison son être. L'identité à soi de l'unité nationale se fait elle-même dans l'action s'*identifiant* à elle-même (diachroniquement) en tant qu'*unifiant* (synchroniquement) les composants de la nation dès lors, par cette auto-activité redoublée, réfléchie, intériorisée, vraiment vivante. La nation n'est ainsi qu'à se faire elle-même dans son combat contre ses différences qui, en elle, s'affirment comme différences en affirmant leur identité. C'est un grand thème braudélien que celui selon lequel la nation n'existe vivante, n'existe véritablement donc, que

1. F. Braudel, *L'identité de la France*, t. I, p. 94.

parce qu'elle est divisée. Et cela, d'une division multiforme, non seulement physique, culturelle, religieuse, mais aussi proprement politique : « Toute nation est divisée, vit de l'être…La France illustre trop bien la règle : protestants contre catholiques, jansénistes contre jésuites, bleus contre rouges, républicains contre royalistes, droite contre gauche, dreyfusards contre anti-dreyfusards, collaborateurs contre résistants. La division est dans la maison française, dont l'unité n'est qu'une enveloppe, une superstructure, un pari » [1]. Michelet disait que, déjà en son socle physique, la France aspirait à la désunion et à la discorde; Benda, que l'histoire de la France était une affaire Dreyfus en permanence. Bref, pour le Français, les autres Français sont souvent de mauvais Français, mais des Français quand même! Pourquoi cette liaison, cette intimité même, acceptée, avec des adversaires?

Car elle est acceptée, constituant, non pas un destin extérieur pour les nationaux et donc extérieur à la nation elle-même en sa réalité vivante, mais l'essence intérieure à celle-ci. La réalité nationale s'est, en effet, accomplie historiquement, à travers la Révolution française, en dépassant son imposition par une dynastie ou une communauté particulière, comme étant posée, voulue pour elle-même, par chacun des individus la composant, en tant qu'essentielle à lui. La positivité ainsi voulue

1. *Ibid.*, p. 104.

de façon plénière, dans la nation accomplie, du lien au négatif qu'elle comporte et qui stimule sa tension vivifiante, la distingue, par essence, de la *patrie*. Car celle-ci est à la fois héritée de naissance – la terre des pères – et totalement positive – *ubi bene, ibi patria*. Certes, dans l'existence, en fait, la nation ne nie pas radicalement la patrie.. Je ne puis voir un bien dans mon lien à un mal qui serait absolu : les ennemis ne peuvent choisir de coexister comme des proches que s'ils sont devenus de simples adversaires. Mais les finalités de la nation et de la patrie sont différentes. La patrie est le lieu où je me sens bien, en communion avec les gens et les choses, où je suis chez moi, donc libre ; cette heureuse liberté où tout est proche de moi m'est offerte par la petite patrie. Cependant, celle-ci, qui se vit comme un tout auto-suffisant, n'est pas, en son abstraction du reste, nécessairement telle, et sa limitation, son irréalité, son idéalité, peut dès lors affecter sa finalité. La nation, en revanche, qui est seulement une vie en commun, une communauté, est, dans le contexte international où elle se maintient, une, *puissance réelle*, dont la réalité permet la réalisation, en elle, d'une patrie, même limitée, et de tout autre bien, même supra-patriotique. La puissance nationale conditionne l'existence de toute liberté humaine. On ne le redira jamais assez.

Elle le fait en tant qu'elle s'institue en État à partir d'une nationalité ou de plusieurs nationalités – communautés naturelles ou devenues telles – qui se réunissent pour constituer, grâce à la médiation de la structuration étatique, une nation. L'État est fort de *sa* nation, et la nation de *son* État. L'État-nation est ainsi cette communauté où les individus et groupes humains, s'accordant sur leur discordance même, peuvent *effectivement*, pour l'essentiel, mener la vie qui leur semble bonne. Ils ne s'identifient pas entre eux sur tout, loin de là, dans la nation, et c'est pourquoi la nation est cette substance pratique qui ne peut être définie par aucun seulement des attributs déterminés de l'existence humaine. La nation est le milieu unifiant ou totalisant, particularisé par son contenu empiriquement variable, qui conditionne absolument – sans être lui-même l'absolu : pas de nationalisme ! – par sa puissance la réalisation de ce qui vaut, pour l'homme, absolument ; c'est là ce que voulait dire Hegel en faisant de l'État, comme « vie éthique » nationale instituée politiquement, l'absolu ou le divin terrestre, seulement terrestre, mais c'est déjà beaucoup. Milieu total de l'existence, la nation est exclusive : si l'on peut avoir plusieurs nationalités, on ne peut appartenir fondamentalement qu'à *une* nation.

Mais cette unique unité nationale, dont la nécessité fait qu'elle se conserve identique à elle-même, est elle-même conditionnée par les divers aspects, géographico-historico-culturels, empiriquement variables et contingents, dont elle est l'unification formelle efficiente. La nécessité de l'unique (à chaque fois) unification de l'existence est ainsi celle d'une totalisation qui s'accomplit, certes, dans le vouloir plénier d'elle-même, mais un vouloir conditionné, déjà quant à l'échelle et à l'existence de l'unité d'une nation, par la contingence du matériau naturel et spirituel donné de celle-ci. C'est une telle relation du vouloir et de ce qui est, pour lui, donné, *natif*, qu'il s'agit maintenant d'analyser dans ce qui s'appelle justement *nation*, ce qui permettra de préciser le sens et la valeur du devoir, que ce vouloir peut s'assigner, de remémoration ou d'oubli du passé dont ce donné natif est issu.

Que l'unité nationale soit, au fond, voulue, que donc, son identité à elle-même soit son vouloir réitéré d'elle-même ou, comme le disait Renan, « un plébiscite de tous les jours »[1], manifestant l'accord des membres de la nation sur un projet d'avenir commun, ne signifie aucunement que cette réitération puisse être seulement formelle. C'est-à-dire que le vouloir puisse, à chaque instant, se donner un contenu ou un objectif nouveau, en sorte que rien d'autre ne serait requis de nouveaux nationaux que de définir avec les nationaux déjà présents un avenir commun sans nulle considération du passé. Car la réalisation temporelle d'un projet exige à tout moment d'elle-même l'assomption de son passé en vue de son avenir, dans la continuité même la plus

---

1. E. Renan, *Qu'est-ce qu'une nation ?*, p. 55.

novatrice, sous peine d'un émiettement de l'agir par un volontarisme que sa démarche abstraite conduirait nécessairement à l'échec. Le même Renan faisait bien se composer l'âme nationale de l'invention du futur et de la reprise du passé d'un peuple. La raison n'en est pas seulement qu'il faut connaître le socle sur lequel se bâtit, se fait être, ce qui est encore le non-être du nouveau, mais aussi se couler en lui, adhérer à lui-même en tant qu'il peut fonder et porter son développement innovant. Même le révolutionnaire doit faire en partie sienne la tradition nationale. La nation ne peut recommencer à zéro à chaque instant. Ce n'est pas là seulement une obligation à imposer aux nouveaux arrivants – chose qu'on a beaucoup dénoncée, souvent au nom de principes hors de propos –, mais une nécessité qui s'impose à eux de faire fond sur un passé qu'ils peuvent, comme tous ceux qu'ils rejoignent, vouloir faire évoluer. Renan rappelait qu'en Gaule romanisée, les Germains avaient embrassé la religion, épousé les femmes, adopté la langue qu'ils trouvaient là, et Braudel note que, dans cette Gaule, le mélange des populations s'est opéré moyennant l'absorption des nouveaux entrants (Celtes, puis Romains, ensuite Germains) par la majorité déjà en place. Le vouloir renouvelé de la nation s'ancre dans le natif ancien qu'elle est toujours aussi, même quand elle se révolutionne.

C'est bien pourquoi l'octroi de la nationalité, comme appartenance au vouloir national, s'appelle une *naturalisation*. L'acquisition du nouveau vouloir se fait par sa naturation, son incarnation, dans le vouloir déjà naturé de la nation d'accueil, et dont la nature propre (première et seconde natures réunies) est récapitulée et synthétisée, en son sens général aplanissant les différences et divergences intestines du passé, dans une *habitude* – les mœurs et institutions présentes – portant la vie de la nation. La naturalisation, acte grave et qui prête à conséquence si elle ne se nie pas en un simple geste formel, en un pur artifice, requiert du naturalisé, non pas, certes, qu'il fasse sienne l'histoire passée de la nation dont il veut devenir membre, une histoire d'ailleurs faite de divisions, mais qu'il s'installe dans l'habitude consensuelle générale où cette histoire s'est déposée. C'est là une exigence minimale, mais qui n'est pas rien ! Le refus de s'en soucier, pour maintenir en sa pureté excluante une autre habitude de vie, caractéristique d'une autre nation, nie en fait la revendication d'un nouveau vouloir national – on ne peut appartenir à deux nations à la fois – et justifie la réaction négative de la nation accueillante même la plus ouverte à une évolution. Au contraire, la naturalisation, totalement assumée en ses exigences comme réalisation inaugurale du vouloir effectif de l'unité nationale, assure, elle aussi, l'identité à soi de ce vouloir et donc de cette unité alors partout confirmée chez ceux qui la revendiquent. L'ancrage ainsi naturel du vouloir national dans une habitude commune – équivalente, en la moindre intensité du lien qu'elle noue, à celle que constitue l'attachement patriotique – arrache ce vouloir à son idéalisation et abstraction en l'assurant de la sorte dans une coutume éthique; le penseur aristotélicien ou hégélien s'en réjouira.

Mais alors, une telle naturalisation du vouloir éthique, en tant qu'elle fait reposer celui-ci, en sa construction d'un avenir commun, sur la récapitulation pacifiante coutumière du passé de la nation, semble directement menacée par l'exigence, devenue elle-même habituelle de nos jours, de fixer ce passé sur l'autre mode – bergsonisons! – de son rappel. C'est-à-dire non plus dans le registre de la *mémoire-habitude* pacifiante, mais dans celui d'une *mémoire-souvenir* irritante, résurrection du passé comme tel dans la détermination de ses épisodes singuliers, qui sont, dans la vie des nations, ceux de la division de celle-ci, des épisodes négatifs.

Toute nation veut fortifier la présence habituelle de son unité dans le vouloir de ses membres en se souvenant des grands moments de la constitution de cette unité. Monuments et fêtes pérennisent ce passé unificateur en exaltant les actes et les acteurs qui l'ont illustré dans l'éclat et le triomphe, mais aussi l'héroïsme et le sacrifice. Un tel rappel de l'histoire en tant qu'elle a favorisé l'habitude nationale présente est, en raison de cette convergence, une manifestation *spontanée* de l'appartenance à la nation. Mais tel n'est pas le cas de ce que la nation, l'État-nation, vient à s'imposer alors comme un *devoir*, le *devoir de mémoire*. Un devoir de mémoire non pas formel, au sens où il s'agirait seulement de lutter contre le phénomène naturel général de l'oubli, mais un devoir qui va à l'encontre de l'oubli d'un contenu négatif, négateur, pour la nation, de son passé, qu'elle répugnerait à se remémorer. Plus précisément encore, à l'encontre de l'oubli, non pas de ce qui a opposé sa communauté, dans son écrasement et son annihilation, à l'Autre à travers lequel l'humanité se fait horreur à elle-même – comme dans le cas de la Shoah, où le devoir de mémoire s'impose absolument –, mais de ce qui a opposé la nation à elle-même dans sa propre constitution, de sa division intestine réitérée, dont elle a été à chaque fois la négation. Fixer mémoriellement un tel négatif, n'est-ce pas nier actuellement la nation, et ne faut-il pas alors bien plutôt opposer à un tel devoir de mémoire un devoir d'oubli ? C'est à ce dernier qu'appelle Renan : « L'oubli, et je dirai même l'erreur historique sont un facteur essentiel de la création d'une nation […] L'essence d'une nation est que tous les individus aient beaucoup de choses en commun, et aussi que tous aient oublié bien des choses […] Tout citoyen français doit avoir oublié la Saint Barthélémy, les massacres du Midi au XIIIe siècles »[1]. Pour Braudel également, l'oubli des blessures d'une histoire

---

1. E. Renan, *Qu'est-ce qu'une nation ?*, p. 42.

nationale est « la règle impérieuse de toute vie collective »[1].

Si l'historien, dont le travail est d'enlever le passé à l'oubli, oppose de la sorte le devoir d'oubli au devoir de mémoire, et cela sans pour autant se contredire, c'est que la remémoration comme pratique imposée par la puissance politique a un tout autre sens que la remémoration théorique de l'histoire. Si le négatif passé de la nation – d'ailleurs sélectionné et qualifié par le politique suivant cet intérêt, et c'est là ce qui suscite la protestation historienne – intéresse l'action politique, qui est toujours au présent, c'est parce qu'il est jugé encore présent comme division, inégalité, injustice toujours maintenue sous une unité nationale seulement prétendue, en réalité fausse et, en cela, précaire. La puissance politique justifie l'effet diviseur de la remémoration officielle du passé divisé en jugeant toujours déjà divisée une nation qu'il s'agit donc de rappeler à sa réalité encore négative en quelque sorte refoulée, pour la faire alors s'engager dans sa véritable réconciliation. Celle-ci exigerait, pour commencer, un acte de justice reconnaissant le tort commis et dont souffriraient toujours, dans leur esprit et dans leur condition, les héritiers présents de ceux qui l'ont subi : repentance et réparation exprimeraient un tel acte. Or l'affirmation d'une telle exigence se justifie elle-même par l'affirmation de ce dont elle se recommande, à savoir des

1. F. Braudel, *L'identité de la France*, t. I, p. 18.

droits universels et éternels de l'homme. Et cette dernière affirmation n'est, à son tour, juste, que comme affirmation théorique et pratique elle-même universelle et éternelle, plénière, sans égard pour son contexte réel nécessairement temporel et historique. Son exploitation est également anti-historique, puisqu'on identifie absolument le droit des ancêtres et celui de leurs lointains héritiers. Le devoir de mémoire convoque l'histoire dans le déni de l'histoire. On peut par conséquent s'interroger sur la réalisation d'une politique nationale s'appuyant sur un tel déni de l'histoire effective, condition de toute réalisation.

En effet, est possible, voire probable (si l'hypothèse même de la pseudo-union nationale présente est vraie), la généralisation de la facile invocation d'une injustice faite autrefois à tel ou tel groupe devenu national dans une unification largement opérée par la force. Et, par là, celle de l'incitation à trouver inégale à ce qu'il devrait alors être un présent qui apparaîtra, de ce fait, plus insatisfaisant dans une unité nationale désormais plus contestée. Ce qui compromettra, au lieu de la permettre, une intensification de cette unité en affaiblissant son point d'ancrage et d'appui, le vivre-en-commun actuel en tant qu'habitude nationale. L'intensification en question ne peut se nourrir, tout au contraire, que d'une conception non rétrograde, mais progressiste, de l'inévitable héritage socio-culturel, une conception elle-même renforcée en tant qu'elle est instruite par l'histoire lue historiquement, l'histoire des historiens, à cultiver plus que jamais en sa totalisation objective critique ; elle seule peut promouvoir une remémoration vraiment libératrice. Elle libère en particulier l'attention au présent de la nation, reconnu en sa positivité, mais aussi en ses limites, donc en ses potentialités, et, à travers cette attention critique tournée vers l'avenir, le souci de développer l'unité nationale par le traitement plus juste de chacun de ses membres.

Le contexte mondial de la vie des nations a été assurément révolutionné depuis l'époque de Hegel, mais l'histoire, en ses moments critiques et décisifs, vérifie bien que, dans l'ordre politique, le supra-national prétendu n'est encore de nos jours que de l'inter-national, c'est-à-dire que le milieu réel foncier de l'existence humaine est l'État-nation. Le cosmopolitisme éthico-juridique et le mondialisme socio-économique, tout comme l'universalisme proprement politique (même borné à la dimension d'un continent, par exemple dans le cas de la construction de l'Europe) sont toujours, en leur déploiement effectif, limités par la réalité nationale. L'État-nation est ce milieu à la fois total, auto-subsistant, viable, et fini, défini, familier, ce chez-soi protecteur et encourageant où l'homme peut mener librement une existence qui lui convient et dont les finalités peuvent largement déborder, par le bas et par le haut, la sphère politique nationale. C'est ainsi dans cet ancrage réel efficient, à l'échelle humaine – une échelle humaine variable mais non dilatable absolument, mesurée qu'elle est par l'incarnation –, que l'idéal universaliste lui-même peut être affirmé réellement, concrètement, et non pas de façon seulement abstraite ou virtuelle. C'est encore dans et moyennant la vie nationale que le nationalisme peut et doit être dépassé véritablement.

III.

DE LA POSITIVITÉ POLITIQUE
ET RELIGIEUSE DE LA LAÏCITÉ

On oppose fréquemment aujourd'hui, à la traditionnelle laïcité en vigueur en France, présentée alors, de façon critique, comme négative, une laïcité jugée positive, qu'on aimerait substituer à la première. Celle-ci aurait été imposée, il y a un peu plus d'un siècle, par un État rendu historiquement méfiant, voire hostile, à l'égard d'une pratique religieuse menaçant, même publiquement, à partir de sa motivation intérieure, privée, la République érigée en communauté fondamentale. En revanche, on entendrait par laïcité positive une attitude au fond favorable à un attachement religieux en général, et donc aux diverses religions, dont l'État, quelque peu relativisé, devrait alors faciliter la cohabitation, aussi nécessaire à la paix civile, par des mesures autant que possible elles-mêmes positives. Dans les deux cas, l'État s'emploierait à traiter de façon égale les communautés religieuses, mais, dans la laïcité négative, en ne donnant rien à aucune et en leur refusant toute participation politique ès qualité, tandis que, dans la laïcité positive, il le ferait en donnant la même chose à chacune d'entre elles, dans l'espoir de susciter leur meilleure contribution à la vie socio-politique de la collectivité.

Ce n'est pas de cette opposition que je vais traiter ici, sinon de façon très marginale. Je m'installe dans ce qui est, c'est-à-dire dans la laïcité jugée négative par d'aucuns. Cela, pour rechercher et déterminer sa propre positivité possible, qui doit bien avoir été réelle pour qu'une telle laïcité ait pu durer plus d'un siècle, en dépit de toutes les vicissitudes, dans notre pays, car le négatif, comme tel, ne peut seul, par lui-même, se maintenir dans l'être en tant qu'institution. En quoi a donc pu consister la positivité d'une laïcité négative, voilà ma question. Je m'interrogerai sur une telle positivité, éventuellement à rendre plus conforme à son sens essentiel mieux éclairé sur lui-même. Et je l'envisagerai successivement, d'abord comme positivité politique, ensuite comme positivité religieuse, puisque ce sont là les deux moments fondamentaux de la relation constitutive de la laïcité, encore que celle-ci puisse s'appliquer aussi à d'autres domaines que le religieux dans la vie d'une communauté nationale.

Si l'on peut parler, non pas dans un sens appréciatif, mais descriptif, d'une négativité de la laïcité à la française, c'est pour autant que celle-ci demande qu'il soit fait *abstraction* de la politique dans la religion, mais d'abord et surtout de la religion dans la politique; c'est ce que l'on appelle la séparation de l'Église et de l'État, instituée par les lois de 1905. Je suppose connues les différentes dispositions de ces lois et les diverses manifestations historico-culturelles de leur mise en œuvre. Elles avaient, d'ailleurs, été anticipées, une vingtaine d'années auparavant, dans la réalisation de l'école républicaine. Cette école fut bien présentée par ses fondateurs, tels Jules Ferry et Ferdinand Buisson, comme le couronnement ultime de la Révolution de 1789, laquelle, de son côté, notamment avec Condorcet, avait souligné l'importance stratégique de l'école comme lieu originaire de l'émancipation, extraction ou abstraction humaine et civique de l'absolutisme politico-religieux. En fait, la particularité du contexte historique dont il fallait délivrer la souveraineté du peuple et la liberté des individus, en tant qu'hommes et que citoyens – celle d'un contexte oppressif régi par l'alliance du trône d'abord bourbonien et de l'autel toujours catholique, en 1789 ou en 1905 – s'est trouvée, dans le lien culturel et par là universalisant de l'école, dépassée en une généralisation de l'objet de la négation laïque. C'est donc dans l'entreprise de la révolution scolaire que s'offre en toute son ampleur et sa radicalité l'*esprit* de la laïcité effectivement négative en sa démarche, puisque là a été opérée la négation ou abstraction de toutes les limitations empêchant la liberté de se former et exercer pleinement. Comment cet esprit s'y affirme-t-il?

Le lieu scolaire de la libération du futur homme et citoyen doit exclure, dans la formation de l'élève, l'intervention particularisante de tout ce qui pourrait nuire à la réalisation universelle de la liberté toujours singulière. A l'école, comme dans tous les lieux et actes relevant de la responsabilité de l'État laïque, la vie commune extérieure des individus singuliers et de leurs groupes particuliers se gère elle-même, par elle seule, selon ses exigences propres, où chacun des membres de la communauté ainsi étatisée doit pouvoir se reconnaître, de façon à permettre universellement le choix singulier notamment des engagements particuliers. Ceux-ci, quels qu'ils soient : économiques, professionnels, culturels, religieux, philosophiques, ne doivent pas vouloir instrumenter leur cadre commun, pas plus que celui-ci ne doit vouloir les instrumenter, ce qui signifierait, en vérité, qu'il s'est déjà laissé instrumenter par l'un d'entre eux. L'école laïque française, en interdisant, dans sa formation universalisante, le jeu dominateur des divers particularismes, révèle bien l'esprit général animant la dénégation historique de l'interventionnisme politique du particularisme essentiellement religieux, telle qu'elle s'est exprimée dans les lois de 1905. L'extension plus grande ainsi manifestée de la négation laïque en sa portée approfondit sa compréhension en son principe, qui est la libération du politique à l'égard de tout ce qui peut affecter son essence d'universalisation objective de l'existence.

Le problème est alors de savoir ce qui peut bien rester de réalité à l'État laïque ainsi vidé, à la limite, de toute affirmation politique, dans lui-même, des particularités comme telles déterminantes et, par là – car le réel est toujours déterminé – réalisantes. Que reste-t-il, en fait de réalité, et de réalité d'abord vécue, au citoyen et à l'homme dont celui-là doit médiatiser la pleine venue à l'être et à ses droits, s'il doit être fait abstraction en lui de tout ce qui, en le particularisant, le rend réel? Comment l'État laïque et son citoyen sont-ils possibles en tant que réels et positifs? Ils sont bien possibles, puisqu'ils ont été et restent encore réels, en dépit des interrogations et critiques actuelles à leur sujet, mais à quelle condition? La réponse me semble être que la négation, dans certains lieux et certains actes, de l'engagement particularisant, surtout celui de la conscience religieuse de l'absolu, conscience elle-même absolue et pouvant donc commander absolument, n'est possible sans anéantir celui qui l'opère que s'il vit alors comme être, comme son être, la communauté qu'il forme avec ceux qui pratiquent une négation analogue. Cette communauté, assez fortement vécue pour pouvoir conditionner en le limitant l'engagement particularisant – dont l'absoluité doit, certes, être elle-même déjà capable de se limiter – est alors acceptée comme l'être présupposé par son organisation politique en un État, voire en un État républicain, où une laïcité négative est possible. Un tel être natif présupposé présent à lui-même dans le sentiment d'une unité sous-jacente à la diversité socio-culturelle, et constituant le socle concret de sa structuration abstraite en un régime républicain laïque, est la *nation*. La nation est bien l'élément positif de la laïcité négative.

Les fondateurs de l'école laïque en France ne s'y sont pas trompés. Cette école, où il fallait faire abstraction de tous les engagements particularisants : appartenances religieuses, intérêts économiques, partis pris politiciens même, devait, en revanche, cultiver et fortifier l'attachement à la nation. Selon Ferdinand Buisson, par exemple, l'instruction publique devait être une « instruction nationale », base d'une instruction civique. Le mot d'ordre des années 1880 fut bien celui de la transformation du Ministère de l'instruction publique en un Ministère de l'éducation nationale. Et il est vrai que seule la nation peut fournir à l'État laïque le socle identifiant quasi naturel, vécu dans un sentiment – fixant comme seconde nature la volonté commune originelle de réunion (1789) devenue habitude –, de sa structuration ou constitution, c'est-à-dire de sa différenciation proprement intellectuelle. La France révolutionnaire s'est bien faite nation avant de se faire république, et, plus tard, république laïque. Et si l'on peut lier la laïcité à la république, c'est parce que l'on se représente dans la république ce qui est d'abord une nation. Mais, en droit, un État peut être laïque sans être républicain, à moins que l'on considère une monarchie constitutionnelle comme étant déjà en fait une république. Si toute nation, tant s'en faut, ne se constitue pas en un État laïque, un État laïque ne peut pas s'instituer sinon sur la base d'une unité d'abord proprement nationale.

Il convient ici de souligner que, ainsi que le fait l'a vérifié, l'unité nationale vécue comme la présupposition, la condition, le moment positif de l'abstraction politique laïque, est l'unité nationale telle qu'elle s'est accomplie dans la « grande Nation » de 1789. Le sens antérieur des nations, celui des « pays » ou des « ordres », par exemple de l'ancienne France, faits d'identités culturelles natives géographiquement ou sociologiquement déterminées ou particularisées, s'est alors fondé en celui de l'union politique universelle, circonscrite territorialement, que veulent librement les individus surmontant leurs attachements particuliers, notamment religieux, et qui se détermine étatiquement par elle-même en tant que telle. La démarche laïque est ainsi portée par la volonté commune d'un vivre ensemble national dans un contexte historique pouvant être fort variable, à tel point que, comme y insiste, entre autres, Fernand Braudel traitant de *L'identité de la France*, on ne peut guère définir l'unité nationale par tel ou tel contenu de vie inclus dans sa forme cependant nécessaire. C'est là ce qui fait sa force, d'être une union non conditionnée par telle ou telle détermination. La nécessité d'une telle union est donc celle d'un État-nation assez puissant, quelle que soit sa dimension, pour protéger et favoriser en son lien la vie et la bonne vie de ses membres, en ses objectifs divers, aussi infra-, extra- et supra-politiques, même si les nationaux n'aiment pas tout en leur État-nation, où ils ont aussi des adversaires, même si, donc, il n'est pas pour eux une véritable patrie. La communauté nationale est voulue, même si elle n'est pas un lieu de communion patriotique, car la patrie peut être, en son intimité essentielle, limitée et faible. Ce qui est, en revanche, demandé à la nation, c'est d'être une union assez forte capable d'assurer une existence la plus humaine possible acceptable dans le contexte historique réel. – Or cette forte forme de l'union nationale, qui permet à la laïcité d'exister, est aussi ce qui, pour subsister en sa force, exige de cette laïcité qu'elle soit essentiellement négative.

La laïcité dite positive, ou encore : ouverte, essentiellement accueillante aux engagements particularisants, par exemple confessionnels, les règlemente, certes, dans un État multiconfessionnel, pour empêcher leurs conflits possibles. L'État déplorerait les effets de tels conflits, destructeurs pour eux tous et aussi pour lui-même, suivant la valorisation qu'il fait de la conscience religieuse, également fondatrice, à ses yeux, de toute activité humaine. Mais comment favoriser semblablement, aider équitablement, des religions qui apprécient et jugent diversement les biens? Chacune pourra s'estimer lésée et l'État aura ranimé, entre elles et contre lui, les conflits qu'il voulait éviter en s'attachant ces religions pacifiées. – Dans le cas d'un État mono-religieux – et à supposer qu'il ne comporte pas en lui de courant a - ou anti-religieux se situant alors au niveau même du religieux et le relativisant –, le motif pacificateur inter-religieux disparaitrait assurément, mais le don de l'État à la seule confession existante, accepté par celle-ci, manifesterait l'inefficience de l'unité nationale comme telle, ou, rejeté par elle, briserait cette unité nationale en son expression étatique et son composant confessionnel. Dans les deux cas, l'unité nationale serait niée comme telle. Au demeurant, en adoptant une attitude positive à l'égard des groupements particularisants extra-politiques, l'État les fait apparaître, aux yeux de leurs membres, comme des communautés constitutives de l'unité nationale en tant que telle, en relativisant celle-ci et en fragilisant la conscience qu'on a d'elle, sapant d'autant la laïcité qu'elle conditionne.

On pensera peut-être qu'une telle insistance sur le rôle du sentiment national dans le conditionnement réel de la conscience laïque va amoindrir et pervertir la vertu émancipatrice de celle-ci en l'assujettissant à un nationalisme qui ne vaudrait guère mieux que l'absolutisation liberticide de l'attachement à d'autres communautés. Ne faut-il pas également se préserver du nationalisme et des communautarismes ? Mais ce serait oublier que c'est en tant, seulement, que *condition nécessaire* de la laïcité, et non pas come *valeur et fin absolue*, que la nation vient d'être saluée en son importance, une importance qui justifie qu'on la rappelle, surtout de nos jours, sans aucune mauvaise conscience. De même qu'il faut appeler l'État laïque à jouer tout son rôle à l'encontre des empiètements sociaux-culturels de toutes sortes sur lui-même, sans excéder, précisément en tant que laïque, ce rôle dans une nation voulant instrumenter les autres dimensions de l'existence humaine. L'Homme concrètement universel ou total dont la laïcité veut promouvoir l'accomplissement dans les individus et citoyens futurs ou actuels exige l'affirmation de fins politiques plus sublimes, et de valeurs plus hautes que les valeurs politiques, et chaque homme en est juge en son for intérieur. Cependant, simplement, le climat de paix et concorde politique requis pour le service optimal de celles-là ne peut être assuré que par la puissance de l'État ancré dans la nation, et c'est ce que réclame la limitation ou détermination de l'État-nation comme chevalier efficient de l'universalisation harmonisée de la vie des hommes. Dès lors, l'affirmation non nationaliste de la conscience nationale dans la réalisation de la laïcité a le sens d'une mise en garde face au dénigrement de l'idée concrète de l'unité nationale et de l'identité à soi historique, comme telle aussi progressiste, qui la concrétise effectivement. Et elle est liée au constat préoccupé que voici. La pratique, il va de soi la plus positive, compréhensive, amicale en son style, de la laïcité en son principe la plus ferme, la plus stricte, la plus négatrice, est sans doute plus nécessaire que jamais, mais elle est peut-être actuellement moins possible que jamais, pour autant que sa condition, la vigueur d'une conscience nationale, semble bien menacée aujourd'hui, dans le climat de la mondialisation et, plus près de nous, d'une européanisation dont l'entreprise souvent incertaine aboutit à dévaloriser les nations actuelles alors que la constitution – très longue si elle est – d'une nation européenne n'est peut-être ni souhaitable ni possible. L'affirmation de la positivité politique de la laïcité en son vrai sens n'apparaît donc pas elle-même comme pleinement positive aujourd'hui. Mais c'est d'établir ce sens positif vrai qu'il s'agissait ici.

J'ai dit tout à l'heure, dans une brève incise, que la possibilité même de l'abstraction laïque faite, dans la vie civile-civique, de l'engagement religieux, dépendait d'abord de celui-ci, puisque la conscience religieuse de l'absolu est elle-même la conscience absolue. Or il est des religions qui, dans leur lettre ou dans des interprétations qu'elles se donnent de cette lettre, ne permettent pas la séparation du politique et du religieux conscient théologiquement de lui-même : la théocratie alors projetée ou réalisée nie toute laïcité, purement et simplement. Problématique est, en revanche, la relation, inverse, du traitement, par un État laïque, de ses citoyens ou des individus vivant en son sein qui sont des adeptes de telles religions. Car, s'il faut dire que cet État laïque, qui reconnaît la liberté de conscience et sait, au demeurant, qu'il ne peut, en toute sa force extérieure, obtenir une abjuration intérieure, doit exiger d'eux le respect extérieur absolu des dispositions laïques de sa Constitution, on comprend aussi qu'une telle injonction n'aille pas de soi; l'intérieur et l'extérieur ne sont pas extérieurs l'un à l'autre, mais celui-là est peu ou prou l'intériorisation de l'extérieur et celui-ci l'extériorisation de l'intérieur. C'est bien une vraie question que celle de savoir comment, et d'abord si, un État laïque peut s'assurer lui-même alors que tous ses membres n'auraient pas en eux un esprit laïque. Je ne puis m'attarder ici sur ce délicat problème. Je suppose la laïcité pleinement possible, tant du côté de la religion que du côté de l'État, et je me demande comment elle l'est, maintenant, du côté de la religion, et non plus du côté de l'État. Comment l'adepte d'une religion doit-il vivre sa religion pour pouvoir en faire abstraction dans sa participation civique à l'État d'abord assumé comme État-nation ?

Que la religion, comme c'est le cas notamment dans le christianisme, affirme elle-même qu'un droit doit également être reconnu à elle et à la politique, à Dieu et à César, ainsi distingués l'un de l'autre à l'encontre de toute instrumentalisation politique de la religion et de toute confiscation religieuse de la politique, c'est nécessaire, mais cela ne suffit pas à faire naître la démarche laïque chez le citoyen croyant. C'est bien ce que montre exemplairement l'histoire de la longue résistance, et, pour le moins, réticence, des catholiques français à l'égard de la loi de séparation de l'État et de l'Église adoptée en 1905. Encore faut-il que la conscience proprement religieuse du citoyen soit vécue comme n'étant en rien niée, voire seulement lésée ou affectée, en tant que conscience absolue de l'absolu – ayant par là à être présente et agissante dans toute attitude ou démarche humaine, en particulier socio-politique culturelle –, par l'abstraction opérée d'elle-même dans certains lieux et moments de la vie communautaire. Mais que la conscience religieuse ne se sente pas niée par l'abstraction laïque, c'est encore insuffisant, car pourquoi admettre pour un résultat nul la négation, même seulement apparente, impliquée par une telle abstraction, pour le moins génératrice d'interrogations et de souci ? Il faut que cette abstraction soit jugée comme positive par la conscience religieuse, comme la faisant s'affirmer plus pleinement elle-même, de telle sorte qu'elle prenne l'initiative elle-même d'une telle négation qui l'accomplit, qu'elle *se* nie elle-même en s'y livrant.

Une telle positivité religieuse de la démarche laïque ainsi appelée par la religion du dedans d'elle-même supprime le caractère de simple nécessité extérieure, de contrainte ou de pis-aller inévitable, de la limitation laïque de la vie religieuse, dans le contexte autrement polémogène qui menacerait les religions coexistantes au sein d'un même État et l'unité essentielle à cet État lui-même nécessaire. Cela signifie que la laïcité, entendue comme elle vient de l'être, est bonne pour la religion, même lorsqu'elle n'est pas nécessaire, en l'absence d'un tel contexte, c'est-à-dire dans le cas d'un État où existe une seule religion, et si – redisons-le – on ne prend pas en compte le fait qu'une option a-religieuse ou anti-religieuse de vie réintroduit le dualisme au niveau même du religieux. Quel que soit donc le contexte, il est bon pour la religion, comme ce doit l'être pour le politique, que soit rendu à Dieu ce qui est à Dieu, et à César ce qui est à César. Une telle volonté religieuse de la limitation réciproque du religieux et du politique se situe au plus loin de tout indifférentisme des deux, car elle affirme bien plutôt leur lien dans leur différenciation mutuelle. La religion sait bien, tout comme l'État, que le citoyen et le croyant sont un seul et même homme, et que c'est cet homme tout entier qui s'actualise dans chacune de ses activités, que, par conséquent, n'importe quel État n'est pas compatible avec n'importe quelle religion, et inversement. Mais elle tient à ce qu'elle-même et l'État respectent réciproquement leur liberté propre en l'ancrage différent de leur commune affirmation de l'homme. Si la religion témoigne extérieurement d'elle-même, c'est dans l'intériorité qu'elle se fonde, et si l'État est aussi responsable de l'instruction et de l'éducation de l'intériorité, c'est de l'existence communautaire objective qu'il a la charge d'assurer la pacification et organisation. L'État n'a pas, d'abord parce qu'il ne le peut pas, à vouloir régir la vie intérieure en son fond, de même que la religion n'a pas, d'abord parce qu'elle ne le peut pas plus, à vouloir régir l'existence extérieure à sa base. La laïcité est bonne pour la religion et pour la politique soucieuses d'assumer leur tâche propre.

On le voit, la religion ne peut faire sienne l'abstraction laïque d'elle-même, et se libérer spécifiquement de l'État en libérant spécifiquement l'État d'elle-même, qu'en s'arrachant à son affirmation immédiate et absolue d'elle-même, qui n'est pas l'affirmation d'elle-même en sa vérité absolue, qu'en se médiatisant ainsi avec elle-même en même temps qu'avec son Autre éprouvé d'abord comme pure force, l'État. Cette médiation de la subjectivité religieuse et de l'objectivité politique les fait se réfléchir l'une et l'autre dans la *pensée*, subjectivité objectivée ou objectivité subjectivée, idéalité réalisée ou réalité idéalisée. La religion pensée et la politique pensée sont par là articulées l'une avec l'autre dans la conscience ainsi totalisée en elle-même, harmonisée avec elle-même, dans ces deux moments d'elle-même qu'elles sont devenues. La pensée fait comprendre à la foi religieuse – ou à son équivalent, pour lui-même non religieux, d'une vision globale pratique des choses – la nécessité, pour qu'elle se déploie dans toutes ses potentialités les plus propres, de la reconnaissance, par elle, de la nécessité d'une structuration autonome d'un politique procédant d'un esprit commun aux deux, tout comme elle fait comprendre à l'existence civique la nécessité bienfaisante, pour celle-ci, de s'accorder avec un libre engagement spirituel total de l'homme. L'esprit en lui-même un qui est, en tant que pensant, au principe de la détermination à la fois indépendante et harmonisante de la religion et de l'État dans une constitution laïque, est celui de l'auto-détermination même de la conscience cultivée, c'est-à-dire de la liberté.

La conscience religieuse capable d'une laïcité réelle vraie, car négative, est donc celle qui se réfléchit elle-même en se *pensant*. La réflexion pensante, retour universalisant sur soi, a nécessairement, puisque le réel est toujours déterminé et, en cela, particularisant, un effet critique, libérateur du sujet croyant qui pense sa foi. Cependant, si le contenu religieux, le lien du divin et de l'humain, *médiatise* véritablement ceux-ci, dans une médiation qui se médiatise en sus avec elle-même, pour les nouer entre eux de la façon la plus étroite et intime, d'autant plus prégnante pour la conscience religieuse, la pensée qui le détermine, l'explicite, et le manifeste tel, attache d'autant plus fortement à lui ladite conscience ; car celle-ci y adhère alors, en se retrouvant distinctement en lui, en toute sa liberté. Mais on comprend que la réflexion pensante, qui se réfléchit elle-même en se faisant *philosophie*, et, comme réflexion critique, philosophie se développant en scepticisme et, précisément dans le cas présent, en agnosticisme ou incroyance, puisse être d'abord refoulée et condamnée par la religion. La réflexion nie bien comme telle le sentiment religieux et l'engagement politique *immédiats* ; et l'autorité religieuse se méfie encore plus que l'autorité politique de la liberté pensante et philosophique ; il est vrai qu'une certaine philosophie n'est pas allée au-delà du combat contre la religion (obscurantiste) et l'État (oppresseur). Mais la philosophie peut et doit s'élever, par-delà les unilatéralismes de la réflexion abstraitement critique, à une spéculation rationnelle faisant droit aux exigences de la religion et de la politique elles-mêmes élevées à leur essence vraie. Le caractère également total de la conscience philosophante et de la conscience religieuse les fait se conforter l'une l'autre – au lieu de susciter leur antagonisme fatal – et contribuer ainsi à l'instauration d'un solide régime de laïcité.

L'exemple de Hegel – qui, a défaut d'exposer, et pour cause, une philosophie explicite de la laïcité, fournit, plus qu'aucun autre grand penseur, de quoi élaborer concrètement une telle philosophie –

illustre le pouvoir qu'a la philosophie de procéder à une réconciliation d'elle-même et de la religion, et de toutes deux avec l'État, dans la sauvegarde de l'autonomie des trois, à travers leur égal respect de la pensée. – Or, que la vie humaine s'élève à la pensée d'elle-même, voire à la philosophie d'elle-même, c'est ce qui est permis par la culture, et d'abord la culture scolaire ; encore faut-il pourtant que l'école, pour commencer, s'acquitte de sa mission. Que la religion s'élève à la pensée, aussi philosophique, d'elle-même, qui est le lien de l'Etre et des êtres, encore faut-il que la théologie et la philosophie ne renoncent pas à elles-mêmes en leur visée théorétique et leur expression pratique. Mais la culture de l'époque n'est-elle pas plutôt orientée différemment, dans le rabaissement de l'objectif traditionnel de la pensée s'ordonnant à la sagesse, loin d'un humanisme simplement formel ? Comme on l'observait à propos du premier réquisit de la pleine affirmation laïque, ne peut-on pas considérer que l'affirmation de la positivité religieuse de la laïcité, second réquisit de son établissement consolidé, n'est pas non plus elle-même pleinement positive ?

Les deux exigences – la première du côté de l'État, la seconde du côté de la religion – de l'établissement d'un solide régime de laïcité néga-tive, à savoir la positivité nationale du politique et la positivité philosophique du religieux, semblent être, chacune, difficiles à satisfaire aujourd'hui, en raison du destin négatif, en politique, de l'idée de nation, et, en philosophie, de l'idée de sagesse. Mais ces deux exigences, qui plus est, paraissent aller en sens inverse l'une de l'autre. La première, en effet, appelle le côté réel de la relation de laïcité, le côté politique, à se réaliser davantage à travers l'être naturel, natif, de la nation, tandis que la seconde appelle le côté idéel de cette relation, le côté religieux, à s'idéelliser davantage à travers le concept ou la notion philosophique. Quant au contenu, voici la contradiction de la demande : plus de réalité et plus d'idéalité, plus de naturalité et plus d'intellectualité, plus d'incarnation et plus d'esprit. Quant à la forme : plus de particularité (nationale) et plus d'universalité (pensante). Assurément une philosophie rationnelle de l'être comme esprit incarné– l'Incarnation de l'esprit – peut penser l'unité de ce réquisit jugé contradictoire par l'entendement et le sens commun, mais, en vérité, réalisable. Une telle conception n'amoindrit pourtant pas la difficulté de le réaliser. Chacun jugera s'il faut entreprendre de la surmonter, de continuer, en France notamment, de faire de la difficile laïcité, en la double positivité où s'ancre sa nécessaire négativité, un objectif essentiel de la vie communautaire. Je crois qu'il le faut. La laïcité n'est pas possible partout et toujours : elle a des conditions très strictes. Ce qui ne saurait lui enlever sa valeur. Elle mérite que l'on se dise, quant à sa difficile réalisation : « Tu dois, donc tu peux ».

IV

LIBERTÉ ET ÉGALITÉ EN DÉMOCRATIE

Le peuple, auquel, dans une démocratie, appartient le pouvoir, peut être pris en deux sens : un sens quantitatif et un sens qualitatif. Au sens quantitatif, il est l'identité extérieure, la simple somme, des individus réels par eux-mêmes, dans une identité à soi de chacun qui, ne le faisant dépendre que de lui-même, le constitue en un être *libre*. Au sens qualitatif, il est leur identité intérieure qui fait que chacun d'eux, en ce qu'il a d'essentiel, est identique aux autres à travers sa différence extérieure d'avec eux, donc *égal* à eux. La démocratie libérale, qui fait de la liberté, c'est-à-dire de l'identité à soi, son principe, et la démocratie populaire, qui se fonde sur l'égalité, c'est-à-dire sur l'identité à l'autre, se sont bien opposées l'une à l'autre en raison de l'opposition immédiatement proclamée par toutes deux de leurs principes respectifs. L'histoire moderne a fait de la contradiction de ces deux régimes démocratiques son moteur essentiel, au point que la chute de l'un d'eux, à l'aube de la dernière décennie du siècle passé, a semblé tarir, en même temps que la tension, l'énergie et donc le processus même de l'histoire. Il n'en a cependant rien été, car, si l'auto-décomposition du socialisme sanctionnait la négation abstraite, et donc terroriste, de la liberté par l'égalité, au nom d'un égalitarisme idéologique bien plutôt facteur d'inégalité réelle (la « nomenklatura » des régimes de l'Est), la victoire du libéralisme était celle d'un régime qui faisait aussi droit, en son sein, à la préoccupation d'une (certaine) égalité. L'histoire condamnait donc l'égalitarisme marxiste – réalisant une virtualité de la pensée marxienne pour le moins insuffisamment prudente – qui suspendait la liberté au nom de l'égalité, et consacrait le libéralisme démocratique, qui, lui, reconnaissait au moins des droits égaux. Historiquement, Tocqueville triomphait de Marx.

La problématique tocquevillienne est devenue celle de la démocratie libérale : comment articuler entre elles les deux affirmations, également nécessaires, de la liberté et de l'égalité, dont le sens obvie les oppose l'une à l'autre. D'une part, en effet, la liberté est auto-détermination, alors que l'égalité est mesure univoque, détermination absolue par l'autre, hétéro-détermination. Mais, d'autre part, la liberté ne s'objective que dans une (certaine) égalisation – qui est limitation – mondaine des libertés, et l'égalité ne se veut, ne s'accepte, que dans une libération subjective des égaux ; il n'y a de liberté vraie que d'êtres égaux, et d'égalité assurée que d'êtres libres. Le problème est alors d'abord de penser les conditions de possibilité de l'affirmation nécessairement conjointe de ces deux valeurs prioritaires d'une vie proprement humaine. Ces conditions font que la liberté, d'abord intérieure, s'extériorise dans une égalisation des libertés maintenues telles : la liberté, toujours déjà là en son intériorité, doit être préservée et conservée en son égalisation nécessairement extériorisante ; et que, inversement, l'égalisation, jamais encore là, en raison de l'extériorité à soi diversifiante des situations qu'elle présuppose, est cependant poursuivie, car exigée pour l'auto-réalisation concrétisante de la liberté. Or, si l'affirmation ainsi conjointe de la liberté et de l'égalité constitue bien le but démocratique, elle ne peut pour autant se vouloir immédiatement le moyen efficient d'un tel le but, car un tel moyen conjuguant deux opérations de sens opposé se paralyserait en n'assurant ni la liberté ni l'égalité. La démocratie ne doit pas se complaire pour s'y dissoudre, dans un tel éclectisme. Il lui faut unifier, d'abord, son but et, par là, sa démarche, en *hiérarchisant* l'affirmation de la liberté et celle de l'égalité.

Il s'agira, dans un premier moment de la présente réflexion, d'établir une telle articulation hiérarchisante de la libération et de l'égalisation des citoyens dans le cadre institutionnel traditionnel de la démocratie, avant d'examiner, dans un second temps le problème d'une éventuelle concrétisation de

leur lien dans la transition en cours de la démocratie
vers une forme souhaitée plus vivante d'elle-même.

Si la spontanéité caractérise le vivant, qui, au lieu
d'être le simple effet de la causalité du milieu, réagit
à elle en la déterminant par la finalité essentielle
à lui, la liberté, comme réflexion en soi de cette
spontanéité en elle-même nécessairement orientée,
lui fait disposer d'elle-même dans une maîtrise d'où
procèdent les surprises révélatrices de l'homme.
Fichte soulignait ainsi l'imprévisibilité gracieuse
native de la gestuelle humaine, si différente de
la stéréotypie du premier comportement animal.
C'est là l'objectivation immédiate d'un sujet
qui se sent maître de son être objectif soumis à
l'interaction naturelle, auto-actif en tant même qu'il
saisit comme tel l'appel que lui adresse un autre
sujet, appel accueilli – et non causalité subie – qui
suppose chez l'un et l'autre la liberté vécue en sa
forme originelle de libre arbitre. Le même Fichte
faisait bien s'actualiser d'abord la liberté dans cette
stimulation réciproque des libres arbitres : on n'est
pas et ne vit pas libre seul. Une telle égalisation des
libertés constitutives de la liberté est assurément
possible dans le cas de la liberté subjective formelle,
identique à elle-même en toutes ses occurrences.
Mais son objectivation ou concrétisation dont
Fichte, entre tous, proclame l'absolue nécessité –
dans la coexistence mondaine des libertés se limitant

mutuellement par le droit rend problématiques, et cette égalisation, et la liberté régie par elle.

Car une telle réalisation les affecte de sa diversification matérielle et introduit donc en elles une contingence de leur contenu et de leur être (par rapport à leur identité à soi formelle et originaire), alors imposés par le droit déterminé socio-politiquement. La réalisation de la liberté peut donc, essentiellement, être une aliénation d'elle-même, dont la justification consiste à se dire une suspension *provisoire* d'elle-même – envisagée en sa (pseudo-)existence formelle – en vue de son institution réelle. Il n'y aurait rien de scandaleux, c'est-à-dire d'abord de contradictoire, à ce que la liberté formelle – alors jugée en vérité non-liberté, car n'étant réelle que chez quelques privilégiés profiteurs – se supprime elle-même à travers la non-liberté de la terreur révolutionnaire. C'est bien au nom de l'égalisation des libertés devenant réelles que l'on a ainsi supprimé la liberté seulement formelle indifférente à l'égalité et qui, par là, se serait déjà niée elle-même, une telle négation de sa négativité devant la poser elle-même dans sa vérité. Mais l'échec de la Terreur, en 1794 comme après 1917, a démenti la prétention de l'égalitarisme anti-libéral, qui, au lieu de simplement suspendre de façon provisoire la liberté en réalisant effectivement l'égalité, les anéantirait l'une et l'autre, ainsi que l'histoire l'a montré, durablement, en l'absence d'une intervention extérieure.

C'est que l'actualisation libre d'elle-même qu'est la liberté, déjà comme libre arbitre intérieur, est une habitude dont la suspension devenue elle-même habituelle – en raison de l'inégalisation toujours renaissante dont elle facilite la négation – fait retomber à une existence naturelle déshumanisante dont il n'est jamais sûr qu'on puisse ressortir. Alors que la liberté originelle s'auto-réalise et concrétise en une libération qui ouvre nécessairement à une égalisation, l'égalisation imposée absolument dans la suspension de l'expression d'une liberté intérieure susceptible de la critiquer peut tarir à jamais chez un individu l'initiative du geste libérateur. C'est pourquoi, si la liberté n'est vraiment réelle que dans et comme sa libération qui la met aux prises, dans l'objectivité mondaine commune, avec les autres libertés faisant de même, et les engage alors nécessairement peu ou prou ensemble dans leur égalisation, celle-ci, pour être libération, ne doit, inversement, jamais suspendre en elles leur exercice intérieur principiel comme exercice de la liberté formelle. L'objectivation égalisante, sacrifiante pour certaines d'entre elles, des libertés, ne saurait donc autoriser la répression de la libre expression de la pensée en sa potentialité critique essentielle. La seule neutralisation rationnelle, et d'abord raisonnable, de celle-ci réside dans la persuasion notamment éducative de celle-là.

Une éducation, même à la concrétisation égalisante de la liberté formelle, ne peut consister que dans la persuasion elle-même formellement libre d'une pensée d'emblée jugée libre par une pensée se jugeant elle-même libre. La liberté, qui – on l'a vu – prend conscience de soi dans la rencontre originaire d'une autre liberté – ne s'éduque et cultive que dans la réitération développée de cette rencontre. Tandis, par conséquent, que la liberté, en son idéalité, est première et dernière, et qu'il n'y a ainsi de libération que comme actualisation d'elle-même, l'égalité, en sa réalité, n'est ni première ni dernière, mais seulement possible par l'égalisation de soi de la liberté. Le libéralisme peut donc absolutiser la liberté puisqu'elle est première et dernière, tout en faisant place à une égalisation conditionnée et limitée par cette liberté, mais l'égalitarisme, qui dénonce comme mystificatrice l'affirmation d'une égalité idéale des libertés formelles originelles et attend sa nécessaire concrétisation en une égalité matérielle des situations vraiment libératrice, mais toujours à venir, d'une égalisation jamais achevée et alors poussée à s'énerver en brutalisant les libertés récalcitrantes, se disqualifie comme principe de la coexistence des hommes. La démocratie veut à la fois la liberté et l'égalité, mais elle ne les obtient toutes deux qu'en faisant conditionner l'égalité par la liberté, alors que toutes deux disparaissent si l'on veut mesurer la liberté par l'égalité.

Ce problème de principe étant réglé, il reste à déterminer les conditions adéquates de sa mise en œuvre dans le cadre de la démocratie effective traditionnelle, qui est la démocratie *représentative*. Celle-ci, qui repose sur la différence entre le décideur vrai, le citoyen en tant que tel, et le décideur réel, le représentant élu par lui, doit donc assurer, dans leur relation, la liberté et l'égalité, suivant cet ordre, de leurs volontés respectives. On connaît la condamnation rousseauiste de la « représentation » de la volonté souveraine en son acte d'abord législatif, au motif que cette représentation serait une aliénation destructrice de la liberté et, par là, aussi de l'égalité des citoyens au détriment des représentés : mais une démocratie de la présence réelle de tous ses citoyens ne peut exister que dans une petite *cité*, comme on l'a facilement objecté à Rousseau, qui la voulait d'ailleurs telle. Les *États* démocratiques, condamnés à la représentation, s'efforcent bien de démentir sur ce point le citoyen de Genève à travers des dispositions assurant la liberté et l'égalité des représentants et des représentés : renouvellement des représentants, liens maintenus entre eux et les représentés, rôle des partis médiateurs, confiance réciproque sauvegardée. Les grandes démocraties libérales modernes, faisant souvent leur le souci de la solidarité sociale, ont bien œuvré pour concrétiser les deux principes de la liberté et de l'égalité dans leurs institutions. Mais la relativisation, voire la critique actuelle de cette dimension *institutionnelle* change le destin du projet démocratique et de ses deux valeurs essentielles.

L'interrogation actuelle – qui prend souvent un tour critique – sur les institutions de la démocratie représentative n'est aucunement d'inspiration rousseauiste. Elle ne vise pas seulement ces institutions dans ce qui, en elles, est exigé par le caractère représentatif (dénoncé par Rousseau), mais en tant même qu'institutions, comme auto-différenciation réglée d'une totalité étatique mue par une volonté générale en laquelle se sont aliénées les volontés singulières spontanées des individus. Car, pour l'auteur du *Contrat social*, c'est bien une aliénation de la liberté naturelle qui donne naissance à la liberté civile : l'institution politique produite par une telle aliénation justifie alors bien plutôt celle-ci qu'elle n'est disqualifiée par elle. Ainsi, la démocratie non représentative des citoyens toujours effectivement présents dans l'acte souverain de la législation est une démocratie instituée, et instituée plus solidement que tout autre régime. Au contraire, la critique actuelle de la représentation traditionnelle porte contre son caractère institutionnel : on ne veut plus d'une quelconque « sainteté » de ce que Rousseau dénomme le contrat social et qui est pour lui le contrat politique. Le seul contrat que l'on admet n'est plus un tel contrat social-politique engendrant un tout nécessaire qui remplace la somme contingente des individus, mais un contrat proprement – c'est le mot – « *sociétal* ». Le contexte de plus en plus largement souhaité de la relation interhumaine est, en effet, ce que l'on désigne par ce terme de sociétal. Le sociétalisme ambiant redonne un sens nouveau à la liberté, à l'égalité, et à leur rapport au sein de la démocratie qu'il appelle de ses vœux.

La vogue du sociétal est le côté positif de l'auto-négation progressive du social proprement dit, elle-même réfléchissant celle du politique dans le contexte issu de la chute des régimes communistes à partir de 1989. La fin de la pression militaire provoquée par la possibilité d'un conflit universel opposant les deux blocs et, en fin de compte, le monde à lui-même, l'atténuation radicale de l'exigence de la politique extérieure, c'est-à-dire de la politique tout court, ont diminué la prégnance de la dimension de la *totalité* (étatique-nationale) dans la coexistence des hommes et de leurs collectivités, et, par voie de conséquence, dans la vie sociale se développant d'abord au sein du contexte national. Un tel affaiblissement de l'exigence totalisante a libéré la socialité – dans son double mouvement spontané en direction de l'individualisation et de la mondialisation – de sa fixation dans des structures déterminées intermédiaires propres (expression syndicale des classes...). La structuration sociale réglementant en fait les relations entre les individus à cédé la place à une *interaction* les laissant s'exprimer *comme tels* dans leur capacité d'échanger universellement. Cette interaction non bornée, indéterminée, ouverte, a supplanté l'appartenance à un tout, comme tel toujours fermé. Le développement culturel, qui fait s'affirmer conjointement la singularité (personnelle) et l'universalité (humaine) a favorisé ce passage de la structuration sociale limitant, et la liberté de chaque homme, et son égalité avec tous, à la vitalité sociétale, qui les intensifie l'une et l'autre.

L'outillage culturel, plus précisément la techno-logie de la communication profitant des progrès de l'informatique qui annulent de plus en plus l'extériorité à soi spatiale et temporelle du milieu objectif où l'homme doit agir et interagir, y facilite l'expression de sa *subjectivité* : la liberté, et de son *intersubjectivité* : l'égalité. La machinerie média-tique offre au sujet un monde immédiatement présent à lui en son sens langagier et, par là, plus aisément maîtrisable, où, en conséquence, il se sent plus libre. Elle lui rend de même les autres sujets immédiatement présents en nombre virtuellement infini, dans une égalisation illimitée, sans la distance intimidante, limitante, de la présence réelle. Cette révolution désobjectivante du contexte objectif de la vie subjective et intersubjective a ses effets puissamment intensifiés par la révolution de celle-ci elle-même, qui fait s'affirmer l'une par l'autre la liberté et l'égalité, voire s'identifier l'identification à soi qu'est la première et l'identification à l'autre qu'est la seconde.

La réalisation de l'identification du rapport à soi et du rapport à l'autre que le marxisme attendait d'une révolution extérieure finale de la vie sociale est désormais affirmée comme immédiatement possible par la réactivation involutive dans celle-ci de son origine essentielle, le rapport sociétal concret. Reprenant un vieux thème anarchisant, et dans un commun rejet de l'insertion de l'individu dans un tout accompli d'abord étatiquement, mais encore par « la sociale », le sociétalisme lie intimement l'affirmation, par chaque Moi, de lui-même et de l'autre Moi. La co-présence à soi native du Moi et du Toi se concrétiserait dans les moments les plus intensément vécus de l'existence, la chaleur d'une rencontre imprévue, l'exaltation d'une manifestation spontanée, le piquant d'une nouvelle communauté ou communion. La fixation de telles expériences inter-subjectives ne saurait être que vivifiante et donc opérée par des contrats toujours révisables, soumis au sentiment – le cœur du sujet – de la liberté et de l'égalité porteur de la relation inter-humaine.

Le contexte démocratique exigé par une telle vivification libérante et égalisante semble ne pouvoir être qu'une *nouvelle démocratie*, non plus régie par des institutions objectives figeant et rendant extérieures à elles-mêmes les subjectivités, mais mobilisée par celles-ci se stimulant réciproquement, à travers une auto-régulation souple de leur interaction vive. Telle est la démocratie *participative* à laquelle aspirent nombre de nos contemporains. La présence – que Rousseau absolutisait institutionnellement hors du cadre des grandes démocratiques représentatives – peut et doit, pour le moins, venir revitaliser celles-ci à leur échelle même et pallier en elle, par une gouvernance universelle effective – fortifiant une liberté et une égalité de tous les citoyens mises en œuvre par ceux-ci eux-mêmes – la réalisation aléatoire et particularisante de la liberté et de l'égalité sous le gouvernement des démocraties représentatives traditionnelles.

L'appréciation positive, optimisante, d'une telle intensification de la liberté, de l'égalité ainsi que de leur lien, moyennant ce que l'on considère comme l'accomplissement participatif de la démocratie institutionnelle, enveloppe généralement un jugement négatif sur celle-ci en tant que moment fixant objectivement, et par là limitant, l'élan subjectif originaire, en chaque individu, de libération et égalisation de tous. Mais on peut se demander si, ici comme ailleurs, la négation entreprise, tentée, de la détermination constitutive de la réalité, n'est pas le consentement à un pur formalisme, qui affecterait et irréaliserait alors la démocratie.

Si le retour, dans la démocratie devenant participative qui vivifie la libération et l'égalisation, à leur énergie subjective originaire, ne vaut pas comme un simple retour annulant l'entre-deux, mais comme un retour accomplissant, c'est parce qu'il est médiatisé par leur indispensable objectivation assurée dans la démocratie représentative. Les joies subjectives et intersubjectives de la vie participative peuvent être savourées dans la tranquillité et la constance pour autant qu'elles profitent du cadre institutionnel offert par le droit réalisé socio-politiquement, à défaut d'être directement instituées, ce qu'elles réclament au fond en voulant être pleinement reconnues. L'exaltation des subjectivités libérées de leur limitation, dans elles-mêmes ou entre elles, spatiale et temporelle, à travers la maîtrise technique (informatique) croissante de leur milieu mondain, ne doit pas faire oublier l'immense conditionnement culturel, fait d'un travail et d'un service objectivement régis, qui l'a rendue possible. La fête et le jeu sont des récréations sans doute enivrantes, mais le sentiment qu'elles font naître d'une liberté et égalité accrues ne témoigne en rien d'une réalité de celles-ci. Ce n'est pas par elles, pas par le loisir – même si ce peut être dans le loisir – que l'homme se grandit humainement et devient créateur de quoi que ce soit. La véritable éducation (à l'humanité) qui, toujours libère et égalise effectivement, ne peut donc – comme elle a été tentée de le faire à notre époque – y prendre son fondement.

La démocratie moderne, qui a lié généralement son sort à l'éducation, dans l'homme et comme homme d'abord, du futur citoyen, ne peut donc traiter la liberté et l'égalité comme des réalités dont il faudrait faire jouir immédiatement l'enfant déjà dans des expériences proprement – et par là abstraitement – scolaires. Il faut, certes, regarder tout homme comme étant immédiatement libre et égal à tout homme, mais comme ayant aussi à assumer librement cette liberté et égalité naturelle, dans un effort constant de libération et égalisation concrète et effective : l'élève est bien l'enfant qui s'élève en étant fermement stimulé à le faire par le maître. L'école démocratique est celle du respect, dans l'enfant, de l'homme plénier qu'il est en puissance, mais aussi celle de la discipline qu'on lui impose de s'appliquer à lui-même pour se hisser réellement à ce qu'il est en soi. C'est là faire pratiquer le moment négatif essentiel à toute libération et égalisation humanisante. L'assomption de cette dimension de négativité incluse dans la réalisation démocratique du citoyen comme homme libre et égal fait de cette dernière un combat continu, et c'est pourquoi maints penseurs ont considéré la démocratie, qui l'exige, comme un régime surhumain. Il est vrai que l'homme n'est homme qu'en étant plus grand que lui-même.

V.

PENSER ET FAIRE L'EUROPE ?

L'entreprise de la construction européenne a subi un coup d'arrêt au printemps 2005, avec l'échec du référendum français et hollandais sur le projet d'une constitution pour l'Europe. Elle semble pouvoir repartir depuis l'adoption, par la France en particulier, du Traité simplifié, dit « modificatif ». Mais le changement de la procédure de ratification du texte et la justification avancée pour ce changement, à savoir la diminution de la portée de l'engagement européen demandé, incitent à relativiser le caractère positif de l'évènement. Et cela, d'autant plus que la raison, à mes yeux, fondamentale, de la réticence notamment française à l'égard d'une intensification de l'effort en vue de bâtir une véritable unité européenne, qui ne peut être qu'une unité politique, sinon fédérale, du moins, pour le moins, confédérale, parait toujours présente. Cette raison qui a pu laisser jouer en faveur du « non » de la France au référendum, ainsi qu'on l'a dit, des considérations de politique intérieure, est l'absence d'une motivation européenne suffisamment forte pour l'emporter sur de telles considérations, et cette absence renvoie d'abord à l'absence, chez les électeurs français, d'une idée motivante suffisamment claire de l'Europe à construire. Le Projet d'une Constitution pour l'Europe mêlait dans ses attendus, en un fourre-tout arbitraire, intérêts et valeurs, nécessités de fait et exigences idéales, dont il ne se dégageait guère une idée simple et forte de l'Europe qu'on voulait. Quelle Europe faire, et, d'abord, pourquoi faire une Europe ? Les lecteurs du Projet ne pouvaient guère le savoir. Et c'est pourquoi, au fond – n'en déplaise aux interprètes politiciens ! –, ils ont dit non. Mais les auteurs du Projet, me semble-t-il, ne le savaient pas davantage.

Qu'on me comprenne bien : je ne suis pas du tout un adversaire de l'Europe. Mais je dis simplement que si l'on ne sait pas de façon simple – par là cohérente et arrachée à la contradiction qui fragilise et compromet tout ce qu'elle affecte – ce que l'on veut faire, on ne peut le faire. Or, le drame de la construction de l'Europe, de sa construction plénière comme Europe politique, c'est qu'on ne l'a pas en même temps, tout en un, pensée et faite. Quand, d'abord, l'Europe s'est pensée, ce fut sans se faire, mais une pensée qui ne s'éprouve pas dans l'action se perd dans l'utopie et n'est pas une pensée vraie. Ensuite, lorsque l'Europe a commencé de se faire, ce fut sans, véritablement, se penser, mais un agir qui ne se pense pas ne se maîtrise pas et risque de se perdre dans l'activisme de la pure agitation, dans des essais qui ne deviennent pas des succès. J'évoquerai ces deux phases de la cause européenne successivement, dans un propos dont la tonalité sera donc assez négative. Avant, plus positivement, de m'interroger, dans un troisième moment de cette réflexion, sur les conditions et la possibilité réelle, c'est-à-dire aussi les limites à reconnaître, d'un volontarisme européen éclairé sur lui-même.

L'Europe s'est pensée avant de se construire, et elle l'a fait essentiellement dans les deux grands pays qui ont été ainsi ses premiers et principaux constructeurs : la France et l'Allemagne. Mais ce qui est intéressant, c'est que cette pensée préalable de l'Europe, en France et en Allemagne, a été une pensée elle-même double, duelle, opposée à elle-même en sa version française et en sa version allemande. Et cette dualité, cette contradiction, va se retrouver plus tard, mais en quelque sorte sans plus se penser, donc comme un destin non maîtrisé, dans une construction européenne qu'elle fragilisera par conséquent. Pour le dire en un mot, et en risquant de schématiser, voire de caricaturer, l'idée originellement française de l'Europe a été celle d'un but non fondamental, mais seulement intermédiaire, dont le moyen est une voie centra- lisatrice ou impériale ; l'idée originellement allemande de l'Europe fut, en revanche, celle d'un but vraiment fondateur mais qui requiert une voie essentiellement fédérale. La différence de ces deux idées est d'ailleurs l'expression de la différence des deux réalités où elles ont germé ; d'un côté, la réalité d'une France alors forte en son unité nationale tôt instaurée dans une Europe dont elle n'avait pas absolument besoin pour exister, de l'autre côté une Allemagne non encore unifiée en une nation et attendant son unification d'une Europe elle-même unifiée et ne réglant plus ses comptes internes – comme pendant la guerre de Trente ans et les guerres qui suivirent – sur le territoire, ainsi fixé en sa division, des Etats, duchés et évêchés allemands.

Les premiers penseurs d'une Europe politique furent français, mais, en même temps et d'abord, chrétiens, c'est-à-dire universalistes, et lièrent généralement l'unification de l'Europe et l'unification du monde, la première n'étant spécifiée au plus que comme première étape de la seconde. C'est bien le cas avec le projet du légiste Pierre Dubois qui, sous Philippe le Bel, en 1306, appelait à la création d'une Europe chrétienne, dont l'instaurateur ne pouvait être que le roi de France, empereur non seulement dans son royaume, mais aussi dans les autres ! Ce premier schéma d'un projet européen ayant pour but une Europe à signification et vocation universaliste et pour moyen une France à mission impériale, reste, au fond, encore valable après la fin de la monarchie française d'Ancien Régime. La Révolution de 1789, qui se pense comme la seconde création du monde, assigne à la nation française la tâche de construire, d'abord à travers l'Europe, l'unité politique du genre humain. Napoléon veut lui aussi réaliser par l'unification impériale de l'Europe l'État mondial. Le républicain Victor Hugo réclamera, tout autant, la venue de l'unité universelle des peuples, à travers celle de l'Europe :

> « Ne soyons plus anglais, ni français, ni allemands. Soyons européens. Ne soyons plus européens. Soyons hommes. Soyons l'humanité » ; mais ce sera grâce à la France : « la France construit la société humaine ».

On voit, déjà à partir de ces quelques exemples, une dominante constante de la pensée française de l'Europe. Celle-ci est une étape intermédiaire entre un État mondial à naître et une France puissante vouée à imposer ce rassemblement des nations : Philippe le Bel, Henri IV (selon Sully), Louis XIV, Napoléon illustrent un tel dessein d'une Europe française sur le chemin du monde réuni politiquement. A cet égard, le général de Gaulle s'inscrira bien, plus tard, dans une telle pensée de l'Europe : « L'Europe, c'est le moyen pour la France de redevenir ce qu'elle a cessé d'être depuis Waterloo : la première au monde »[1].

Tout autre est la pensée proprement allemande de l'Europe. Elle se développe plus tardivement, vers

---

1. Propos du Général (Conseil des ministres du 22 août 1962) rapporté par A. Peyrefitte, *C'était de Gaulle*, t. 1, p. 106; cité par E. Bonnefous, *La construction de l'Europe, par l'un de ses initiateurs*, Paris, P.U.F., 2002, p. 104.

la fin du XVIIIe siècle et dans le premier XIXe siècle.
L'inexistence d'une Allemagne politique – le
Saint-Empire romain-germanique est un agrégat
sans force – souvent ravagée par l'impérialisme
conflictuel des nations-phares du continent, fait
souhaiter aux écrivains et publicistes allemands la
construction d'une Europe limitant ses puissances
impériales et favorisant l'unification politique de
l'Allemagne. Pour celle-ci, une Europe politique est
un but absolu, puisqu'une Allemagne politique n'est
possible que par elle. Et elle ne peut être, comme
l'unité de la diversité allemande, qu'une unité
fédérale, distincte aussi bien de l'unité écrasant la
diversité, qui caractérise le despotisme asiatique et
sa tête de pont européenne qu'est la Russie, que de la
diversité triomphant dans le libéralisme américain et
sa tête de pont européenne constituée par la Grande-
Bretagne. Une telle Europe, plus riche et plus forte,
puisqu'elle unit leurs principes, que l'ensemble
russo-asiatique et que l'ensemble anglo-saxon, n'est
pas un intermédiaire en direction du cosmopolitique,
mais le pouvoir médiatisant et maîtrisant le monde.
Herder le proclame parmi beaucoup d'autres :
l'Europe est « le maître du monde ». Quant à sa
construction, l'Europe, qui doit être fédérale (*et*
une *et* diverse), a pour âme l'Allemagne, elle-même
essentiellement fédérale. C'est bien l'Allemagne
qui, plus attachée à la diversité, à la liberté, celle
des anciens Germains, que la France, plus attachée à
l'unité, à l'autorité, héritage romain-latin, constitue,

en tous sens, le « cœur de l'Europe » (Jean-Paul Richter), puisque c'est bien le principe de la diversité qui peut et doit assurer l'existence, en leur diversité, et de l'unité et de la diversité.

Cette divergence, pour ne pas parler de contradiction, entre la pensée française originelle et la pensée allemande originelle de l'Europe, est toujours agissante : un récent symptôme en a été la réticence immédiate de l'Allemagne face à l'idée sarkozienne d'une unité méditerranéenne perçue comme relativisant l'unité européenne. On pourra alors s'étonner que ne se soit pas développée une pensée commune, franco-allemande, de l'Europe. A vrai dire, les plus grands penseurs, proprement philosophes, français et allemands, de la politique se sont bien rapprochés les uns des autres en s'élevant – c'est la tâche d'un philosophe ! – au-dessus d'un point de vue unilatéral. Mais cette pensée, qui tend à se réconcilier, de l'Europe, le fait, problème nouveau et plus grave, en concluant à l'impossibilité d'une Europe unifiée politiquement. La pensée d'une telle Europe s'accomplit philosophiquement comme pensée de ce qui ne peut et ne doit pas être réalisé.

Chez les Français, Rousseau, dans ses *Écrits sur l'Abbé de Saint-Pierre*, souligne que la nature et l'histoire ont favorisé l'unification de l'Europe en sa riche diversité. Le réseau fluvial européen fait communiquer toutes les parties du continent. Et l'histoire de l'esprit européen l'a successivement fait s'unifier par le droit romain, puis par la religion chrétienne, enfin par la culture scientifique moderne. Tout conspirerait donc, en conjoignant exceptionnellement, dans l'Europe géographique et historique, la diversité et l'unité, pour la faire se confédérer politiquement. Or, pour Rousseau, la chose ne peut se faire : l'unité politique est, plus que simplement institutionnelle, d'abord celle d'un esprit commun, et celui-ci n'est réel qu'en étant limité par la possibilité, pour des concitoyens, de se réunir physiquement. Le patriotisme ne peut être universel, car son extension exigerait que le peuple se fasse représenter en sa souveraineté, mais la représentation détruit la présence à soi soudant une communauté en elle-même. L'unification culturelle de l'Europe détruit le patriotisme, foncièrement national, c'est-à-dire la vie politique, où tout se joue. D'où le constat désabusé de Rousseau : il n'y a plus aujourd'hui de Français, d'Allemands, d'Espagnols, d'Anglais même, quoi qu'on dise ; il n'y a que des Européens » [1].

Les grands philosophes allemands aboutissent, au fond, à la même conclusion en dépit de – ou, justement, à cause de – leur adhésion d'abord enthousiaste à l'universalisation politique de l'existence proclamée par la Révolution française. Kant, par exemple, célèbre dans l'Européen

---

1. J.-J. Rousseau, « Considérations sur le gouvernement de Pologne », *Œuvres complètes*, III, Paris, Gallimard, 1969, p. 960.

l'homme qui aime voyager, pour le plaisir, de façon désintéressée, afin d'universaliser sa vie. Chez soi, l'Européen universalise sa vie en la soumettant à la loi, liant à celle-ci l'usage vrai de sa liberté, ce qui exclut de l'Europe le despotisme russe et turc. Mais Kant considère comme n'étant ni possible ni souhaitable une unité proprement politique, certes du monde, mais déjà du continent européen, surtout du continent européen. Comme État, l'Europe s'opposerait à d'autres Etats, et donc se nierait comme universaliste, c'est-à-dire comme européenne. Mais elle se nierait d'abord comme État, ses dimensions exigeant une autorité forte, à terme despotique, ce qui, par réaction, engendrerait une révolte anarchisante destructrice de l'État. Hegel, lui aussi, limite l'unité politique à la réalité nationale, communauté culturelle, mais se faisant naître, naturellement, dans la lenteur de l'histoire, et qui, seule, peut porter un État viable. Des nations ne peuvent s'unir réellement en un tel État que si elles deviennent une nouvelle nation, ce qui, laborieux et aléatoire, ne dépend pas du seul volontarisme politique. Ainsi, la philosophie, en ses grands représentants, a, en Allemagne comme en France, condamné le projet d'une Europe politique abstraitement construite. Il est vrai que, inversement, lorsque ce projet a pris corps, dans le temps d'après ces philosophes, sa réalisation s'est développée dans le pragmatisme le plus méfiant vis-à-vis de la pensée.

L'entreprise de la construction européenne, au lendemain de la seconde guerre mondiale, a été une entreprise d'emblée politique, par ses acteurs et par son objectif : Churchill appelait dès 1946 à la création des Etats-Unis d'Europe. Mais ses moyens n'ont pas d'abord été des moyens politiques réels, c'est-à-dire ayant des effets politiques nécessaires. Ils furent, soit des moyens politiques, mais idéaux, des structures de réflexion ou de simple conseil, tel le Conseil de l'Europe (Comité des Ministres et Assemblée consultative) créé à Londres en 1949, soit des moyens réels, mais économiques, non pas politiques : de la création de la Communauté européenne du charbon et de l'acier (CECA) en 1951, jusqu'à, presque un demi-siècle plus tard, la mise en place de l'euro en 1999. Conscients de la difficulté de réaliser une unité politique, les fondateurs de l'entreprise européenne : Robert Schuman, Jean Monnet, Adenauer et Spaak, voulaient, par une sorte de ruse, l'introduire économiquement. Il est cependant significatif que l'on n'y croyait pas absolument, puisque, de cette unification économique à finalité politique, on continuera à exclure jusqu'à nos jours l'activité économique directement politique qu'est l'industrie d'armement, restée en grande partie nationale. Face au succès de l'unification économique – qui est certes redevable au volontarisme politique européen, mais repose aussi sur l'universalisation ou mondialisation spontanée de la vie économique (en vérité, le cosmopolitisme est économique, et non pas proprement politique !) – le processus de l'unification politique a été et reste très laborieux. Du côté des gouvernants, la force et la portée des décisions communautaires restent très limitées en raison du principe de subsidiarité préservant les souverainetés nationales, et, du côté des gouvernés, la citoyenneté européenne proclamée en 1992 par le Traité de Maastricht n'a rien d'une citoyenneté pleine et entière. Une telle timidité de l'unification politique a pu passer pour de l'indécision plus que pour de la prudence, et elle a rendu suspecte la brusque accélération et intensification d'un Projet de Constitution pour l'Europe, dont la justification diverse et confuse inquiétait d'autant plus qu'en France la gestion pour une large part politique du social en élargirait les effets dans l'existence concrète. La substitution à ce projet du Traité modificatif ne suffira sans doute pas à mobiliser les esprits en faveur d'une intégration politique renforcée de l'Europe. On ne peut construire une Europe politique sans former et convaincre des citoyens européens.

C'est ce qui n'a pas été fait. La difficulté ressentie ou pressentie de réaliser l'unité politique de l'Europe a démobilisé le volontarisme du but au niveau des moyens et on s'est confié à une sorte d'heureuse nécessité historique se manifestant dans l'extension ou l'élargissement progressif de l'Union. On a considéré que cet élargissement politique assurément lié aux bienfaits apportés par l'unification économique, était en lui-même un grand progrès dû à une nécessité historique témoignant de la vérité de l'entreprise européenne. L'un des grands artisans de celle-ci, Jacques Delors, voit bien en elle le produit conjoint d'un « idéal » – la paix apportée par l'Europe – et de la « nécessité » naissant de l'« avantage » économique favorisant, s'il ne l'impose pas absolument, l'union politique : « La Communauté ne pouvait que s'élargir » déclare-t-il devant l'Académie des Sciences morales et politiques [1]. Devant cette même Académie, un autre artisan de la construction de l'Europe présente l'élargissement à 25 pays survenu le 1er mai 2004 comme « le début d'une nouvelle Union européenne, née presque par mégarde et de manière quasi naturelle », et voit en lui « l'un des miracles de la construction européenne » [2]. Mais, en politique – à la différence de l'économie, dont le dynamisme anonyme engloutit les initiatives des volontés si peu capables de le maîtriser – rien ne peut se faire de durable sans l'intervention des libertés, certes non toutes-puissantes, mais responsables. Un

1. J. Delors, « La construction européenne, hier, aujourd'hui et demain », dans *Regards croisés sur l'Europe*, M. Albert (dir.), publication de l'Académie des Sciences morales et politiques, Paris, P.U.F., 2004, p. 114.

2. J.-D. Giulani, « Le grand élargissement. Unité, diversité et singularité de l'Europe à 25 », dans *Regards croisés sur l'Europe*, p. 140.

processus aussi novateur que le processus européen
ne pouvait dès lors manquer d'interpeller une volonté
européenne qui s'était laissé aller politiquement à
conserver les mêmes fondations pour un bâtiment
ne cessant de s'alourdir, et, dans une étonnante
paresse intellectuelle, ne pensait plus son entreprise,
ne songeait plus à définir et justifier son objectif
nécessairement renouvelé par l'extension de cette
entreprise. Le surgissement de la question turque :
« Où finit donc l'Europe ? » montra qu'il fallait
bien définir celle-ci et la justifier dans sa définition.
Quelle Europe, et, d'abord, pour quoi faire ?

Le Parlement européen s'avisa au début de
l'année 2006 qu'il était urgent de penser l'Europe,
enfin ! Il fallait bien la penser, pour la faire et la faire
forte, méritant les sacrifices et, du moins, les peines
que l'on prenait pour elle. Car mesurer simplement
sa vigueur à l'attrait pour elle dont témoignaient les
nouvelles adhésions, c'était s'illusionner gravement.
Ces adhésions pouvaient traduire un simple égoïsme
national intéressé par la réussite économique de
l'Europe et la possibilité de faire résoudre par la
force de l'Union, c'est-à-dire par les autres, des
problèmes autrement bien difficiles à résoudre. Piètre
motivation par elle seule, et faisant mal augurer de
l'avenir d'une Europe politique voulue pour des
raisons si négatives en leur caractère purement
intéressé. La conséquence en est trop souvent le
double jeu de la part de tel ou tel membre de l'Union,
un double jeu d'ailleurs pratiqué, en fait, en dépit de

quelque apparence de sanction, en toute impunité. Mais une institutionnalisation politique plus contraignante de l'Europe suppose un attachement vraiment positif à celle-ci, alors valorisée et exigeante pour elle-même. Un esprit européen positif est d'autant plus nécessaire que l'extension de l'Europe multiplie et aggrave les problèmes : songeons, par exemple, à celui de l'immigration et de la police aux frontières de l'espace Schengen. Ce qui montre que l'unité de l'Europe doit recevoir un contenu déterminé – l'unité pour l'unité ne signifie rien et permet n'importe quoi –, et ce contenu déterminé comme valeur ou comme norme peut seul fonder un engagement européen effectif. Une telle détermination ou définition du sens d'une Europe politique n'a pas été entreprise jusqu'à maintenant.

On ne peut en effet prendre au sérieux le vague catalogne rhétorique : démocratie, droits de l'homme, solidarité sociale, pluralisme idéologique, etc., au demeurant non spécifiquement européen, dont on se contente formellement. Quant à l'ancrage nécessaire des institutions européennes dans un esprit européen concrétisant les valeurs que je viens d'évoquer, il n'a guère abouti en sa tentative tardive lors de l'élaboration du Projet d'une Constitution pour l'Europe. On se souvient, en particulier, des discussions relatives à la dimension chrétienne de l'Europe. En vérité, l'appel, comme garantie d'un avenir commun viable, à l'esprit passé de l'Europe, exige le discernement d'une unité d'apports divers : Rome, le christianisme, les Lumières et la Révolution de 1789, mais doit aussi s'intégrer dans un vouloir vivre commun projeté et, par là, nécessairement novateur. Une définition commune actuelle d'une Europe politique est donc une tâche prioritaire inévitable. Elle est absolument nécessaire, même si cela ne signifie pas qu'elle soit une condition suffisante de la réalisation d'une telle Europe politique.

Si une Europe politique doit exister, elle devra être puissante dans le monde, qu'il soit, comme maintenant, encore unipolaire, ou, peut-être, demain, multipolaire : on est très loin de cet objectif de puissance, qui réclame des sacrifices auxquels on n'est guère prêt aujourd'hui. Mais un tel objectif ne peut être proprement européen que s'il se détermine lui-même comme instrument d'un but ou idéal proprement européen. Cet idéal peut et doit mobiliser les Européens – plus fondamentalement encore que l'intérêt légitime dont ils demandent la satisfaction à une union politique de l'Europe– jusqu'à les conduire, s'il le faut, à risquer leur vie pour elle. Or il y a un idéal qui a été constitutif, depuis l'éveil grec de la civilisation sur notre continent, c'est celui d'une existence ordonnée à l'affirmation de l'homme en général, en son universalité, idéal humaniste constitutif de la culture. Les apports de Rome, du christianisme, du rationalisme des Lumières se conjuguent dans cet universalisme humaniste. C'est bien par celui-ci que Kant, Hegel, Husserl et d'autres ont caractérisé l'Europe. On a certes reproché aux Européens – en dénonçant la colonisation – un tel universalisme comme le paravent d'un impérialisme de leur intérêt particulier, mais c'est bien encore en son nom, donc au nom de leur esprit revendiqué, que l'on a pu condamner l'exploitation qu'ils en avaient faite. L'Europe a été le continent de l'universel. C'est ce qui lui a interdit de se fermer sur elle-même : je ne crois pas que soit transposable à l'Europe l'injonction de Monroe : « L'Amérique aux Américains ! ». L'Europe, dans le meilleur et le plus spécifique d'elle-même, est à tous, en cet objectif qu'elle s'est fixé, d'être grande dans le service de l'universalité humaine. Le commissaire européen Pascal Lamy, auquel je demandai quel objectif serait à la hauteur du dessein d'une Europe politique, me répondit – et il avait raison – que c'était celui d'être l'artisan privilégié de la réconciliation pacifique de l'humanité avec elle-même.

Une telle vocation pacificatrice d'une Europe politique ne peut avoir un aspect sérieux que si elle peut mettre en œuvre une puissance réelle – ce qui interdit la faiblesse pacifiste –, mais une puissance elle-même mise en œuvre dans le respect de l'universel, dans cette pratique soumise à la règle qu'est le droit. Certes, la force fait exister le droit, et le droit exige d'être, d'exister, mais la force ne fait pas le droit comme droit, en son essence. L'Europe n'a pas toujours, assurément, été fidèle à son idée, mais celle-ci a bien été de distinguer le droit de la force en faisant de celle-ci l'instrument de celui-là : on se contentera d'évoquer, une nouvelle fois, Rousseau et Kant. La pensée d'une telle subordination n'a pas été aussi présente dans les autres continents, où la force a très souvent ignoré le droit ou, au mieux, servi un droit trop vite identifié à l'intérêt. C'est dire qu'une politique européenne ne peut être qu'une politique onusienne, du moins si l'on considère celle-ci en ses principes proclamés, car, dans la réalité, elle a plus d'une fois enfreint ses propres principes. La justification d'une Europe politique, c'est l'universalisme de son but : l'universalité de la paix, et de son moyen : l'universalité du droit ; la paix, mais par le droit. Une telle affirmation par l'Europe de l'universel ne peut que la rendre accueillante à toutes les nations adhérant à une telle mission, et c'est là la légitimation de son extension.– Cependant, cette extension est dans une relation de contradiction avec l'impératif de la puissance, celui d'une concentration intensifiante de son unité. Tel est l'ultime problème à examiner : l'essence universaliste de l'Europe et son existence comme puissance peuvent-elles se concilier, c'est-à-dire, l'idée d'une unité politique réelle de l'Europe est-elle une idée viable ?

Que la double exigence, essentielle et existentielle, de l'unité politique européenne, celle de son extension et celle de son intensification, puisse la compromettre, cela n'a pas échappé à ses promoteurs, bien avant que ne surgisse la question de l'adhésion de la Turquie. Ainsi, Edouard Bonnefous observe que « plus on agrandit l'Europe, plus on s'éloigne [...] de l'idée de l'unité européenne » [1]. On a cru résoudre la contradiction en faisant de l'Europe une Europe à deux vitesses, avec un noyau dur et une périphérie plus lâche, mais, en l'occurrence, ou l'on brise l'unité de l'Europe, ou on la réduit en fait à son niveau le plus faible. La contradiction semble bien insurmontable entre l'esprit universaliste d'une unité vraiment européenne – la culture, l'Europe culturelle –, et la puissance dominante, excluante, de toute Europe vraiment unifiée – l'Europe politique. Une Europe réellement politique serait la petite Europe, qui n'est pas l'Europe, et une unité véritablement européenne serait la grande Europe, l'Europe, qui ne peut être, avant longtemps pour le moins, une unité politique réelle. C'est bien pourquoi ni Rousseau, ni Kant, ni Hegel, n'ont cru en la possibilité d'un État européen ou d'Etats-Unis d'Europe pouvant être l'équivalent, dans l'ancien monde, des États-Unis d'Amérique, qui constituent un véritable État parce qu'ils se sont constitués en une véritable nation. Celle-ci a pu se

1. E. Bonnefous, *La construction de l'Europe, par l'un de ses initiateurs*, p. 42.

constituer assez facilement parce qu'elle fut l'œuvre de populations d'abord culturellement homogènes et qui s'étaient détachées de leurs nations originaires. Mais l'histoire n'a guère fourni d'exemples de nations restant solidement attachées à elles-mêmes et à leur passé – au surplus à un passé les éloignant encore les unes des autres par leurs liens divergents à d'autres continents, comme ce fut le cas des peuples européens, notamment colonisateurs – qui se soient unies en une nouvelle nation effective. Ce qui ne signifie assurément pas que la chose soit impossible, mais qu'un tel processus ne peut être, s'il aboutit, que très lent. La prudence politique doit se méfier des emballements rhétoriques.

L'Europe s'est d'abord pensée sans se faire, donc abstraitement et mal. Elle s'est ensuite faite sans se penser, donc dans un activisme lui aussi négatif. Pour elle, se faire en se pensant augmente assurément les chances de réussite, mais incite également à une très grande prudence. Cette prudence doit veiller à l'existence continue – quel que soit le niveau où elle se situe dans l'édifice des institutions politiques – de la structure de l'État-nation. Car celle-ci constitue la communauté concrète – à laquelle on adhère même si l'on n'aime pas tout ce qu'elle comporte – qui conditionne l'existence de toutes les dimensions de la vie que l'on a fait sienne. Tant que l'Europe – si elle le devient un jour –, n'est pas une nation, celle qu'on a dite, la nation servante de la paix internationale, et quel que soit le lien accentué des nations participant à l'entreprise, à l'aventure, européenne, elles ne doivent pas, en exploitant de façon égoïste, paresseuse et dangereuse, le principe de subsidiarité, se décharger de l'exercice de leur responsabilité quand il est d'astreinte et le revendiquer quand il est de conflit, auprès de leur Union encore fragile. *La continuité de la structure nationale est une nécessité absolue.* C'est dire que les nations européennes doivent assumer leur destin, et leur destin européen, comme s'il dépendait d'elles ; pour chacune, d'elle-même, et non pas des autres. Chaque nation d'Europe doit se vouloir forte, pour que l'union de toutes, si elle est possible, soit forte.

VI

D'UNE MAÎTRISE POLITIQUE
DE LA MONDIALISATION

La situation actuelle semble bien être celle d'une maîtrise croissante de la politique par une mondialisation essentiellement technico-économico-sociale. Alors que l'économie politique méritait bien sa qualification, renforcée en certains lieux par son appellation classique d'économie nationale, et même lorsque, aujourd'hui encore, après l'effondrement socialiste, les frontières entre des États économiquement proches manifestent leur force différenciante à l'occasion de graves crises internationales, l'interdépendance, l'unification de la vie économique à l'échelle de la planète se poursuit de façon accélérée, et dans son extension et dans son intensification. Et cela, non pas seulement au niveau second et extérieur de la distribution et de la consommation, c'est-à-dire du marché mondial, mais d'abord au niveau intérieur et primaire de la production, et en sa détermination, et en sa mise en œuvre. Le dynamisme totalisant d'une telle production tend, et réellement, et idéellement

– dans l'idéologie libérale et néo-libérale –, non seulement à réduire la responsabilité extra ou para-politique de l'État – rejet de l'État-Providence –, mais aussi à instrumenter son activité proprement politique, profitant sans doute – notamment dans la libéralisation des pays ayant été ou étant demeurés socialistes ou socialisants – de l'exténuation du politique pris en son sens propre à laquelle s'étaient livrés des régimes le dégradant en simple police ou lui déniant toute positivité spécifique. Mais la mondialisation libérale présente, par son cours et par ses effets négatifs, suscite ou peut susciter un sursaut, dans l'homme, du moment politique, qui se vit en lui, depuis son appropriation universalisante à travers la grande Révolution de 1789 – grande parce qu'elle a été formelle et qu'elle s'est faite au nom du droit, et du droit le plus formel, par là le plus universel et le plus total qui soit, le droit à la liberté –, comme ce qui s'oppose par essence à la double négativité mondialisante. Il s'oppose, d'une part, à l'unification ou, en cela, rationalisation, purement processuelle de l'existence collective, une rationalisation non maîtrisée par un ou des sujets assumant, en leur réunion volontaire, de façon responsable, leur liberté, donc procédant d'un rationnel déployant, tel un destin, sa nécessité. Et, d'autre part, il s'oppose à l'inégalisation ou à l'égalisation par le bas des conditions d'existence des individus et des groupes humains, contraires à l'universalisation positive de leur coexistence dans des communautés alors cimentées par la pleine adhésion à elles de leurs membres. – Le problème est de savoir si ce sursaut, illustrant le démocratisme républicain actuel, peut, et à quelles conditions, dans quel contexte politique, être considéré comme ayant un quelconque avenir. La réponse, parce qu'elle fixe un potentiel et porte sur l'irréel qu'est l'avenir, ne peut être simplement empirique, mais, impliquant une idée de l'essence du politique à l'intérieur du champ pratique, elle exprime nécessairement une philosophie du politique. En l'absence de toute pensée politique d'envergure, novatrice et fondamentale, apparue depuis le grand débat entre Hegel et Marx, et dans l'avantage dont l'histoire récente a favorisé le premier, on ne s'étonnera pas de ce que la réponse ici proposée se nourrisse de l'apport hégélien.

La mondialisation actuelle est la potentialisation du processus de l'unification de la vie socio-économico-culturelle de la planète, dont Hegel et Marx avaient fait un objet philosophique, en la comprenant et jugeant selon deux perspectives opposées, mais en s'accordant sur sa nécessité et son importance dans l'existence de l'humanité moderne. Cette montée en puissance est assurée par trois facteurs principaux. En premier lieu, la disparition ou, du moins, la réduction considérable de l'opposition entre deux réalisations, libérale ou collectiviste, de l'universalisation de la production réelle de la vie, ce qui fait s'unifier et totaliser celle-ci ; les deux mondes tendent à n'en faire plus qu'un. A ce facteur immanent du renforcement de la mondialisation socio-économique sont venus s'ajouter deux facteurs, par leurs lieux, extérieurs, l'un se situant en amont, l'autre en aval du dynamisme de la production proprement dite. Le premier consiste dans l'extraordinaire développement de la technoscience qui annule les distances spatiales et temporelles freinant l'homogénéisation socio-économique du monde et précipite celle-ci en soumettant en elle à l'efficacité technologique la gestion encore humaine, trop humaine, des problèmes. L'automate rationnel, la raison objectivée en puissance anonyme du rationnel, supprime les trous de contingence et d'arbitraire dans l'organisation de la production. Mais – second facteur – les particularités politiques continuant de différencier l'existence des hommes, la raison politique, libérée par la neutralisation idéologique de l'antagonisme socio-économique, favorise de son volontarisme systématisant le processus rationnel de la mondialisation libérale. Je ne m'étends pas sur ces deux facteurs de la rationalisation mondialisante et renvoie aux analyses, en particulier, de Dominique Janicaud, dans son livre *La puissance du rationnel*[1], pour ce qui est du premier facteur, et, pour ce qui est du second, d'André Tosel, dans la conférence

---

1. D. Janicaud, *La puissance du rationnel*, Paris, Gallimard, 1985.

qu'il prononça devant la Société française de philosophie : « La mondialisation comme objet philosophique »[1]. Je veux essentiellement souligner que la mondialisation ainsi potentialisée n'infirme pas la conception proposée – quant à la relation pratique décisive entre la nécessité présidant à l'engagement de cette mondialisation et la libre intervention politique – par la cime anté-marxiste de la philosophie sociale et politique.

Le lieu de l'activité technico-économico-sociale, celui de la culture au sens large du terme, c'est ce que Hegel appelle la « société civile ». Elle est le lieu de l'entendement, pouvoir d'abstraction, de séparation, de différenciation d'une identité qui, originaire, continue de lier ce qui est désormais aussi opposé, isolé, instituant du même coup simultanément la singularité (différence) abstraite et l'universalité (identité) non moins abstraite, l'individualisme et le cosmopolitisme, aussi aliénants et aliénés l'un que l'autre dans la différence, qui les constitue, de la différence et de l'identité. L'entendement fixé à lui-même est une pensée aliénée par rapport à elle-même puisqu'elle ne fait pas s'affirmer l'un par l'autre ses deux moments, celui de sa différenciation : le « Je » ou le sujet pensant, et celui de son identification : le contenu universel pensé. Il est, au fond, la pensée

---

1. A. Tosel, « La mondialisation comme objet philosophique », *Bulletin de la Société française de philosophie*, 94ᵉ Année, n° 1, Janvier-Mars 2000.

qui, même quand elle croit s'affirmer comme un
« Je pense », en fait ne totalise pas ce qu'elle pense
en s'assumant comme un « Je pense » véritable.
Elle est le penser impersonnel ou anonyme, non
totalisant, c'est-à-dire ne maîtrisant pas le tout idéal
qu'il est en soi, et par là incapable de maîtriser le
tout réel dans un « Je veux » ou « J'agis » effectif;
un penser qui n'est qu'entendement est donc
un penser présent à lui-même, théoriquement et
pratiquement, comme un destin (« conscience de
soi, mais comme d'un ennemi » disaient les textes
hégéliens de jeunesse). Marx réalisera ces thèmes.
La vie sociale est celle de la division du travail,
entre travail théorique et travail pratique, ainsi qu'à
l'intérieur de chacun de ceux-ci, dans une aliénation
générale détruisant toute « *Selbstbetätigung* » totale
au sein d'un processus de production qui, dominé
abstraitement par ce facteur de lui-même qu'est
l'intérêt particulier, non totalisant, ne peut que se
contredire lui-même et aller à sa perte. Celle-ci sera
la révolution substituant en principe à la société et
à sa division l'« association » totalisant dans elle-
même et maîtrisant par là en chacun de ses membres
un processus devenant alors heureusement celui d'un
sujet communautaire réel, une « *Selbstbetätigung* »
universelle réconciliante. Si l'on convient d'appeler,
à la suite de Hegel – et, au fond, de Kant – raison la
pensée totalisante faisant comme telle se réfléchir
son contenu ainsi réellement universel, non pas, dès
lors, hors de lui-même, mais dans lui-même, sous

la forme d'un Soi, il faut dire que la maitrise du penser ou du sens de l'être, de l'être en tant qu'il a un sens, ne peut être assurée que dans le passage de l'entendement, ou de la raison aliénée en un rationnel, à la raison elle-même comme sujet de son propre processus. Ce passage est celui, en langage hégélien, de la société civile à l'État.

Hegel affirme que la maitrise politique du socio-économique est, plus que possible, nécessaire, mais, au niveau politique, celui de la raison personnalisée, la nécessité ne se réalise que par la liberté, même si la maitrise en question est et se sait limitée, puisqu'il est rationnel qu'il y ait, dans le champ de la singularité, de l'irrationnel. La société civile ne peut, du fait de sa négativité, exister qu'autant que l'État rationnel intervient en elle pour prêter sa force, tel son chevalier, à l'accomplissement de fonctions purement sociales, infra-politiques (la régulation, en cas de crises, de la production; la solidarité sociale, l'éducation…), sans oublier, certes, sa tâche proprement politique, qui lui interdit de se comporter lui-même, ainsi qu'on le dirait aujourd'hui, comme une simple entreprise. Une telle reconnaissance hégélienne du rôle universel du politique, seul capable de faire que quoi que ce soit puisse se faire, même sans lui, voir contre lui – qui, comme puissance absolue sur terre, doit savoir se limiter–, tranche (je dirai : heureusement) avec la réduction malencontreuse du rôle de l'État chez Marx, et surtout chez les marxistes. Car on trouve bien chez le premier l'idée que la condition de toute intervention efficace dans la production de ceux dont le processus de celle-ci nie les intérêts et les besoins vitaux est leur constitution formelle – mais la mise en forme, en tant qu'assomption consciente et voulue, joue un rôle décisif –, qui est une politisation, comme classe. Et l'institution de l'État comme objectivation volontariste de l'intérêt commun – le rapport des classes – conditionnant la satisfaction de tout intérêt particulier (aussi collectif mais non général) permet seule à la classe dominante, elle aussi, d'assurer, par cette contrainte d'elle-même (par exemple, pour la bourgeoisie française, sous le second Empire), la promotion de ses intérêts : l'autonomisation phénoménale, empiriquement réelle – mais, pour un matérialisme, tel est bien le vrai réel – du politique permet seule la maîtrise du processus de production. Marx n'a pas assez reconnu, dans sa pensée trop finaliste, la causalité essentielle de ce qui était, à ses yeux, simplement, et en mauvaise part, du formel, qu'il s'agisse du juridique ou du politique. C'est cette puissance de la raison, même formelle – proprement politique – qu'il faut opposer, d'abord dans la conviction nécessaire à l'action, à la puissance du rationalisme dominant la mondialisation en cours. L'exploitation par celle-ci du pouvoir politique peut et doit être niée par lui se réaffirmant en sa destination propre : son impuissance n'est faite que de son renoncement.

Le grand message de l'idéalisme allemand est ce rappel à soi, à sa propre puissance, de la raison pratique juridico-politique. Qu'il s'agisse de Kant – chez qui il n'existe pas de théorie positive de la société comme telle –, de Fichte – chez qui les rapports entre l'écononomico-social et le politique ne sont encore qu'abstraitement reliés, insuffisamment distingués et reconnus en leur positivité et négativité respectives –, de Hegel – dont la philosophie socio-politique me semble avoir conservé sa valeur principielle –, la raison politique, tout réaliste qu'elle soit quant à ses conditions extérieures, naturelles, culturelles, socio-économiques, de réalisation, se donne comme objectif de maîtriser celles-ci en leur processus d'universalisation, qui risque de la faire éclater en son ancrage toujours local. C'est bien la raison politique s'assumant telle, en leur unification concrète, qui peut maîtriser ses deux moments, celui de sa subjectivité dont la vie éthique absolutise unilatéralement l'universalisation intensive, et celui de son objectivité, dont la vie socio-économique absolutise non moins unilatéralement l'universalisation extensive; universalisation à la fois subjective et objective, donc faisant se limiter à la fois ces deux moments, de l'existence, elle a pouvoir sur leur affirmation abstraite, qui relève, en vocabulaire hégélien, plus de l'entendement que de la raison. Mais le sursaut pratique politique de la raison ne peut se réaliser en toute son efficacité que s'il se fortifie dans et par la réunion en lui de son devoir-être et de son être, comme acte ou geste civique exigeant, telle une norme, une loi, qui dit la liberté, et exaltant, telle la participation libératrice au contrat ou au consensus. L'acte politique consiste dans l'affirmation conjointe de la liberté essentielle, et de la libération réelle, empirique, de la loi et du consensus. L'héritage de l'idéalisme allemand ne peut donc, sur ce point, être revendiqué ni par un rationalisme de la seule loi ni par un rationalisme du seul consensus ou de la seule communication. L'assomption politique de la liberté formelle dans la liberté réelle, qui doit être elle-même universalisante comme l'exige la première, requiert la pratique publique de cette liberté réelle et définit ainsi la politique vraiment rationnelle comme républicaine, quelle que soit la modalité constitutionnelle régissant l'expression républicaine de la liberté (par exemple, déjà, l'État kantien et l'État républicain diffèrent institutionnellement l'un de l'autre). – Cependant, si absolu que soit, en tous ses conditionnements, l'acte civique ou politique de l'auto-détermination républicaine, il doit se préoccuper de la réalisation de sa maîtrise effective de ceux-là et, dans le contexte de leur mondialisation, d'abord s'interroger sur le lieu politique de son affirmation. La question immédiate est maintenant celle de savoir si ce lieu est ou non la traduction politique de cette mondialisation, c'est-à-dire une unification politique du monde, qui serait alors à réaliser en préalable d'une maîtrise effective de sa mondialisation socio-économique.

L'histoire a montré que l'unification libérale de la vie technico-économico-sociale ne suscitait pas plus que l'unification socialiste tentée de celle-ci, une unification politique du monde. Pour la raison qu'une telle unification politique n'est pas qu'une affaire objective, institutionnelle ou constitutionnelle, mais requiert une communauté réelle et vécue d'existence qui s'est traditionnellement exprimée dans la nation, communauté résistante, même en dépit de ses tensions, et que ne peuvent pas plus anéantir les solidarités socio-économiques qu'elles ne peuvent suffire à créer de telles communautés : le caractère abstrait de l'entendement technico-économico-social ne peut totaliser en tous ses aspects la vie réelle des groupes humains, et Eric Weil rappelait très justement dans sa *Philosophie politique*, que l'existence de ces communautés de vie que sont les nations organisées étatiquement requiert, outre la rationalisation organisationnelle multiforme, l'adhésion à un « sacré », de quelque façon qu'on n'entende celui-ci, corps de valeurs communes fondamentales cimentant, en dépit de leurs différences, les individus et les groupes. Or, rien n'est plus lent que la formation d'un tel ciment, donc d'une communauté nationale. Les difficultés du passage d'une Europe économique à une Europe politique véritable en sont l'attestation présente. Et il est vrai qu'on ne trouve guère en histoire d'exemples de constitution d'une nation nouvelle solide et durable à partir de nations fortement singularisées : on ne saurait évoquer ni l'exemple des cantons suisses culturellement fort homogènes, ni, davantage, celui des colonies britanniques d'Amérique du Nord, qui constituèrent bien des Etats-Unis, mais non des Nations-Unies. Que l'histoire multiséculaire n'ait guère fourni un tel exemple ne peut faire préjuger l'avenir, mais on peut se demander si l'accélération même de l'histoire pourra changer les choses en l'affaire ; on ne voit pas bien, au demeurant, comment l'artefact de la réunion virtuelle des internautes pourrait faciliter celle, réelle, des citoyens appartenant à des nations différentes : le communicationnel ne peut créer à lui seul du communautaire.

Aussi bien, la pensée rationnelle la plus avancée du politique n'a-t-elle pas été démentie par la réalité historique la plus actuelle en ce qui concerne le rapport envisageable entre la mondialisation ou le cosmopolitisme socio-économique, dont cette pensée a saisi la nécessité, et la maîtrise, qu'elle a affirmé possible, d'un tel processus relevant d'une *rationalité* neutre, anonyme, impersonnelle, inhumaine, par une *raison* politique elle-même déclarée incarnable seulement en des totalités humaines finies. Rousseau, en son rationalisme problématique, ne fut pas le seul à dénoncer le cosmopolitisme, voire même l'européanisme, proprement politique. Pour le rationalisme résolu qui s'affirme chez Kant comme chez Hegel, le cosmopolitisme, quelle que soit sa vérité au niveau non proprement politique, celui du marché qui se mondialise, est, à coup sûr, impossible, et, au demeurant, non souhaitable, au sens politique du terme. L'abstraction ou le caractère segmentaire, détotalisant, des rapports socio-économiques entre les hommes, encore accru par leur devenir-virtuel, ne peut être relativisé, limité, compensé, sinon déjà combattu, qu'à travers un lien communautaire réel à l'intérieur de frontières déterminées, même si l'on ne rousseauise pas au point d'exclure toute représentation d'un agir politique se déployant dans la seule co-présence physique du peuple à lui-même. Le rejet par Kant d'un État mondial, voire même déjà simplement continental, en l'occurrence européen, est celui d'un État dont la périphérie exigerait un centre d'autant plus fort, qui ne manquerait pas de voir alors son autoritarisme se renverser dans l'anarchisme destructeur de tout État et de tout droit. Hegel, de même, juge impossible tout dépassement de l'État rationnel national, et serait réfuté par la venue à l'existence d'une Europe strictement politique. Pour lui, la nécessaire maîtrise politique du cosmopolitisme en cours de constitution, et qui est condamné à la crise permanente (chômage sans remède réel), lorsque celle-ci n'a plus d'ailleurs où s'exporter, ne peut advenir qu'au niveau des Etats rationnels, dans la monarchie constitutionnelle faisant appel aussi – et la chose réjouissait Jaurès – à l'auto-gestion citoyenne des « communes » et des « corporations », à la condition, assurément, que la volonté politique veuille bien s'assumer. Cela, certes aussi, dans une limitation de la pacification socio-économique liée à la crise à l'instant évoquée, mais une limitation compensable par la satisfaction prise à l'engagement civique au sein d'un État socialement libéral en tout son solidarisme nécessaire, mais politiquement fort et intégré, lui-même toujours confronté au danger de la guerre, la pleine satisfaction ne pouvant être apportée à l'homme qu'au-delà de l'esprit objectif même le plus conforme à la raison concrète.

Le changement considérable de la situation du monde depuis deux siècles ne me paraît pourtant pas avoir rendu caduque – surtout après l'effondrement des régimes socialistes de l'Est européen marqués par la dégradation de la réalité, mais d'abord de la pensée, du politique, pensée bien plus pauvre et abstraite chez Lénine que chez Marx, chez qui elle n'était pas la préoccupation principale – l'apport hégélien. Valable encore aujourd'hui me parait être la relation rationnelle établie par Hegel entre l'universalisme abstrait de la vie technico-économico-sociale régie par l'entendement intéressé, et la totalisation concrète limitée de l'existence politique, jugée apte à maîtriser celle-là, suivant les limites d'une raison sachant qu'il est rationnel qu'il y ait de l'irrationnel. Cette théorie hégélienne découple, en leur développement cependant interactif, le moment politique et le moment technico-économico-social de l'existence collective. En particulier, elle ne dissout pas le droit politique *stricto sensu*, celui des Etats-nations, dans un droit international et cosmopolitique dont la valeur morale ne peut justifier la fragilisation des Etats rationnels ordonnés à la liberté, et dont l'abstraction nécessaire fragilise, elle, tout l'ordre du droit ou de l'esprit objectif en général en prouvant ainsi négativement que la vie vraie se joue au niveau de l'esprit absolu, lequel, pourtant, sait qu'il n'est lui-même réellement possible que dans le champ de l'État-nation, cet universel réel par lequel seul tout autre universel peut se réaliser selon sa destination propre.

C'est donc à une re-politisation forte de l'existence qu'il faut appeler face à la mondialisation qui s'emploie à distraire l'État-nation existant de sa responsabilité fondamentale et fondatrice et à l'exploiter pour faire prévaloir, sur l'attachement à l'universel concret qu'il réalise, des intérêts dominant une universalisation réelle, mais abstraite, de l'existence, qui ne saurait se justifier par l'idéalité elle aussi abstraite du cosmopolitisme essentiel à l'humanisme traditionnel. La réhabilitation indispensable, et en sa réalité et en son idée, de l'État-nation à accomplir rationnellement répond, d'ailleurs, au fait qu'il est bien le lieu efficient où restent ancrées – officiellement et réellement – les forces à chaque fois à l'œuvre dans le processus de la mondialisation. C'est aussi, et toujours, dans un tel État, que l'homme peut, en tant que citoyen, être reconnu en sa liberté et en ses droits, et d'abord en sa liberté et en ses droits proprement politiques, par lesquels seuls tous les autres peuvent venir à l'existence assurée. La démocratie républicaine assure une telle liberté et de tels droits. Un tel régime, qui n'ignore pas le risque toujours présent de conflits entre les Etats, peut seul les amener à se concerter librement aussi pour réguler mieux, conformément au droit international ou cosmopolitique – selon le langage kantien – l'interaction spontanée, comme telle incertaine et préoccupante, des intérêts et forces animant la mondialisation. La condition première d'un tel effort en vue de limiter le processus du rationnel par la puissance de la liberté raisonnable est que les hommes osent s'affirmer dans leur responsabilité de citoyens. Le rôle du philosophe est de méditer à nouveau sur la portée salvifique de l'équation que Hegel trouvait chez Platon, celle du *politeuein* et du *philosophein*. Non pas pour faire s'absorber l'homme, accompli philosophiquement, dans le citoyen, mais pour rappeler que c'est bien par le citoyen comme tel que l'homme peut réaliser en lui aussi ce qui dépasse la citoyenneté et qui fonde et justifie idéalement – le *fondement* – celle-ci, mais qui le fait en la déterminant en retour comme ce qui fonde et garantit réellement – la *fondation* – la réalisation de l'humanité totale dans l'homme.

VII.

REVIVIFIER LA POLITIQUE, AUJOURD'HUI?

D'une certaine façon, la politique, comme activation du politique institué, s'est régulièrement sinon constamment, proposé de le revivifier. N'est-il pas en effet, l'institution par excellence, l'institution des institutions, vouée originairement à se scléroser en régime mortifère de la vie commune des hommes? Celle-ci s'est bien réalisée, d'abord en l'anticipant dans les cités ou les empires, puis en s'y référant encore dans les organisations mondialisantes de notre époque, comme ce qui s'est appelé précisément l'*État*. Or l'État, c'est le statique, lequel, en tant que tel, tue la vie.

Il affirme à plein les deux traits essentiels de l'institution politique de l'interaction agitée des hommes. Cette institution 1) identifie les comportements des individus, les rend conciliables et pacifiques, en les soumettant à des *lois* (le législatif uniformise), et 2) elle les identifie en une unique action communautaire, elle les totalise en les soumettant à une puissance personnalisée comme *autorité* (l'exécutif qui unifie efficacement). Mais on voit immédiatement que ces deux dimensions politiques de la coexistence des hommes, dès lors uniformisée par la première et commandée par la seconde, nient en elle deux caractères essentiels de la vie, en son sens le plus natif : l'originalité et la spontanéité. Une telle négation est elle-même vécue de manière intensifiée par la vie qui se sait et se veut elle-même en tant que vie proprement humaine, vie non plus seulement naturelle, mais libre.

Cependant, pour ne pas faire se dissoudre la revendication actuelle spécifique de la vitalité basale en politique, dans celle, plus complexe et concrète, plus traditionnelle aussi, qui vise à ordonner l'État à l'épanouissement de la liberté et des droits qui la réalisent, je vais restreindre mon propos d'abord à l'évocation du souci, historiquement manifesté chez les acteurs et penseurs politiques, d'un milieu vivant et vivifiant de l'exercice civique de la liberté.

Il s'agit en premier du milieu non politique concret, comme contexte communautaire qui stimule positivement dans l'homme une énergie dont profitera aussi – parce que l'homme est un – le citoyen s'adonnant au service plus abstrait de l'État. Un tel milieu est, d'une part, le milieu idéel : culturel, intellectuel, spirituel, en particulier religieux. Respecté par lui en son ordre, l'État a tout intérêt à le ménager et à s'en faire le chevalier puissant. C'est, d'autre part, le milieu non politique réel, celui de la société civile, économique. Ce milieu, de nos jours, fait de plus en plus s'affirmer en l'homme, conjointement, sa singularité individuelle et son universalité mondialisante. Il ancre ainsi concrètement dans cet entre-deux – chez le citoyen dont, à la fois, il fortifie et relativise la maîtrise affirmée de sa condition humaine – le service de la particularité qu'est l'État ; il contribue à faire se réaliser l'État, sans étatisme.

Mais la reconnaissance dès lors rationnelle par la politique d'un tel *conditionnement* positif vivifiant du politique par son contexte idéal ou réel non politique ne saurait faire admettre que celui-ci le *détermine* dans son exercice propre. L'État ne doit pas être confisqué par la religion ou par la société. Ce serait nier sa raison d'être, qui est d'assurer par sa puissance spécifique le climat pacifiant nécessaire au libre exercice par l'homme de son activité culturelle, religieuse, ou socio-économique. Le souci d'une vivification extra-politique de la politique ne peut faire régresser, contradictoirement, en deçà de celle-ci alors détruite, à la situation qui a requis de la vie qu'elle se règle par la loi et l'autorité étatiquement imposées.

C'est bien pourquoi l'histoire de la théorie et de la pratique de la politique a confirmé l'affirmation que la vitalité et liberté de la coexistence des hommes exigeait – c'est là une nécessité – d'être réglée par l'ordre – c'est là le nécessaire – essentiel au politique. L'histoire a négativement sanctionné la tentative insensée de faire mesurer par la vitalité l'ordre que celle-ci, comme vitalité humaine c'est-à-dire libre, a suscité comme la mesure sauvegardante d'elle-même. Les États les plus avancés de notre temps, aristotélisant ou hégélianisant généralement sans le savoir, réalisent l'État assurant, sans étatisme, donc libéralement, mais par son autorité souveraine, l'exercice vivant, dont il profite lui-même, de l'activité extra-politique multiforme, matérielle et spirituelle, des hommes.

Mais c'est aussi manquer de sens que d'opposer abstraitement la vie et la politique, la liberté et l'ordre. L'expression courante de « vie politique » ne peut signifier seulement l'assujettissement de la politique, et du pouvoir qu'elle confère, par une vie s'abandonnant à son appétit naturel de jouissance et de puissance. Les théoriciens – de Platon et Aristote, à Kant et Hegel, pour citer les plus grands – et les maîtres de l'art politique se sont bien plutôt employés à élaborer une politique qui soit comme telle, prise en son ordre propre et strict, vivante et libérante, en sa discipline même de la spontanéité et liberté naturelle.

La politique est alors rendue vivante par l'organisation, qui est harmonisation et totalisation, du pouvoir, d'une part en sa structuration, d'autre part en son fonctionnement ou exercice. Cette organisation – qui peut se pervertir en oubliant qu'elle est celle de la libération humaine de l'homme – fait que chaque acte ou geste politique singulier se vit comme l'acte total, donc libre, des sujets politiques.

La Constitution préside à une telle totalisation unifiante de l'activité politique, où chaque citoyen se sent chez soi, par là libre, dans la Cité, dans l'État. Mais l'inégalité de la part prise au gouvernement, dans les Etats, par les citoyens, la nécessité générale de la représentation, qui introduit la différence ressentie entre gouvernants et gouvernés, exige que la totalisation civique, non véritablement agie, soit pour le moins vécue, ressentie, et surmonte ainsi la différence à l'instant évoquée.

C'est là la dimension subjective, comme immédiatement vivifiante, de la communauté politique. On l'exprime de multiple façon. On parlait traditionnellement de patriotisme ; récemment, en le rattachant directement à la totalisation objective de l'État assurée par la Constitution, on a célébré le patriotisme constitutionnel ; en France, on exalte maintenant le sentiment de l'appartenance républicaine. Une telle subjectivisation unifiante de l'institution objective de la politique est fondamentale. Mais encore faut-il qu'une telle fondation ne s'absolutise pas en dissolvant l'être, qu'elle doit bien plutôt contribuer à assurer, du fondé ! Encore faut-il qu'une situation elle-même objective du milieu politique ne vienne pas historiquement le fragiliser en sa structuration objective internationale et intra-nationale. Et qu'elle ne donne pas ainsi occasion à une accentuation périlleuse – exploitée par des idéologies abstraites – du sens et du rôle de l'intersubjectivité vivifiant la politique, qui mettrait en question la totalisation objective et, à travers celle-ci, la force d'une communauté politique. C'est pourtant dans une telle situation que nous nous trouvons présentement.

L'échec du totalitarisme socialiste a naturellement entraîné une détotalisation politique en libérant la vitalité sociale dans le monde contemporain. L'homogénéisation libérale pacifiante du régime de la vie socio-économique a intensifié considérablement celle-ci en ses deux pôles essentiels, opposés et liés intimement : la singularité des énergies individuelles et l'universalité du marché mondial. L'opacité croissante de l'unification non volontaire, mais quasi automatique en ses réseaux complexes, d'un tel marché, à incité à se concentrer sur elle-même l'activité exaltée des individus, de plus en plus attentifs à leurs droits. Un tel intérêt à soi-même de l'homme a été au demeurant libéré par la démobilisation en lui du citoyen, à laquelle invitait la nouvelle situation historique.

La disparition des deux blocs, donc du danger d'un conflit universel mortel, semblait pouvoir adoucir le devoir civique quant à son acuité militaire. En outre, la mondialisation économique, dont l'essor s'accompagnait inévitablement de crises, paraissait exiger, pour les maîtriser, une mondialisation politique correspondante. Une telle exigence, au surplus confirmée par la nécessité pour les Etats de faire front unis face au risque écologique commun, relativisait le rôle et la puissance de chacun d'eux. L'agir civique, essentiellement national, s'en trouvait rabaissé.

L'affirmation du citoyen perdit de sa vigueur alors que se fortifiait celle de l'homme comme agent social. Au point qu'on en est venu à croire que le citoyen pouvait être traité comme un simple attribut du vrai sujet ou support de l'interaction humaine que devenait l'individu social. La vitalité de celui-ci sembla, aux yeux de beaucoup, pouvoir lui faire assumer, parmi d'autres, son activité « citoyenne » ainsi désubstantivée, mais revivifiée. On oubliait l'enseignement de 1789, à savoir que, si le citoyen est pour l'homme, l'homme n'*est*, en tout lui-même, que par le citoyen !

Cependant, la socialisation de la politique, effet actuel paradoxal de l'échec de la politique socialiste, se présente comme un rajeunissement, une refondation de l'existence sociale elle-même, débarrassée de tout ce qui en elle, mimait l'organisation stricte, rigide, achevée dans l'ordre politique. C'est la société en son élan premier, le sociétal, qu'il faut libérer dans le social lui-même, figé en sa division en métiers et en classes. Il ne faut pas s'en tenir à l'État social, mais réaliser l'État sociétal. Le sociétal, c'est l'intersubjectivité spontanée, dans laquelle le sujet s'affirme pleinement en affirmant les autres, sans négation de lui-même, s'« éclatant » en eux, avec eux, par eux. D'abord dans les marges, ludiques et récréatives – par là, croit-on, re-créatrices – de la vie laborieuse objectivée, chosifiée. La fête des voisins est caractéristique de ce triomphe de l'intersubjectivité qui repose des totalisations contraignantes de la vie politique, mais déjà sociale. La mode est à la vie associative. C'est le contrat, et le contrat constamment révisable, toujours à la disposition des individus, qui anime le lien entre les hommes, et mobilise les statuts, composant, décomposant et recomposant les groupes.

Le sociétal doit désormais régir la vie politique en faisant radicalement d'elle une vraie vie. Il faut notamment introduire la démocratie participative dans la démocratie représentative et son abstraction. Remplacer la règle par la régulation, la loi par la convention, le jugement par l'arbitrage, l'imposition par la négociation, etc. Toute une philosophie fait reposer l'organisation de la vie politique libérée sur l'intercommunication consensuelle dans l'espace public. Le sociétal résoudrait la question politique en résorbant en lui-même le politique et la politique.

Reconnaissons-le : la vie sociétale et associative, chaleureuse et généreuse, est assurément un moment à cultiver de la coexistence humaine. Mais elle n'en n'est qu'un moment, et pas le moment porteur, ce qui justifie une récusation résolue du sociétalisme ambiant. L'affirmation interactive et consensuelle d'une totalité politique capable de porter toutes les activités proprement politiques, mais aussi extra, infra et supra-politiques de l'esprit ne peut les libérer des fluctuations de l'intersubjectivité que si les volontés singulières contractantes se nient – dépassant par là le simple contrat – en une volonté générale, ainsi que Rousseau l'avait bien vu. Elles se font de la sorte bien plutôt l'auto-affirmation du tout politique en elles. Plus généralement, l'échange et le débat dans l'espace public supposent le tout politique en son combat pacifié. Et si l'on considère, après Kant et Hegel, que la raison est la totalité s'affirmant à travers les individus, on fondera la « raison *communicationnelle* », sur la communication *rationnelle*.

Méconnaître cette nécessité proprement ontologique amène à s'illusionner, par exemple, sur la possibilité, au niveau de la vie internationale, d'une gouvernance mondiale qui ne dépendrait pas des gouvernements nationaux. À croire que, à l'intérieur des Etats, la démocratie participative pourrait se substituer à l'ordre institutionnel. Or la régulation ne peut se développer que dans le cadre protecteur de la règle, l'arbitrage que dans celui de la décision légale, etc. Mais la philosophie politique doit surtout rappeler que la force, et la force constante, de l'engagement du citoyen, substantif et non pas adjectif de l'interaction humaine, vient de ce qu'il se fait et se vit comme une (seconde) nature, dans cette naturalisation répétée de lui-même qu'est son enracinement *national*. La politique n'est vivante qu'en s'ancrant, encore aujourd'hui, dans la nation. Cela, sans aucun nationalisme, puisque la nation, âme de l'État, est simplement le socle, mais le socle qui permet à celui-ci d'être le milieu pacifiant fort où la liberté de l'esprit peut réaliser sa destination totale, aussi et d'abord supra-nationale et supra-politique.

CONCLUSION

Le milieu auto-ordonné, d'abord pacifiant, de toute activité humaine, est le milieu politique, qui a pris historiquement conscience de ses déterminations raisonnables essentielles conditionnant la libération effective de cette activité. La politique ne peut donc plus narcissiquement se préoccuper d'abord du politique et cultiver l'alibi si commode de la réforme de l'État et – comme l'on dit – de la vie citoyenne. Elle doit s'attaquer, en sa forme désormais correctement armée, aux graves et urgents problèmes de l'heure, qui, pour beaucoup, dans notre monde, n'ont pas un contenu originairement politique (pensons, par exemple, à la question des migrations humaines). Tel est le site, aujourd'hui, du courage politique. Assurément, on peut toujours améliorer l'outillage politique dont on dispose, mais la responsabilité de l'activité politique, qui est ou fait l'activité efficace, en tous domaines, est celle d'y promouvoir la liberté multiforme, systématisée en ses exigences fondamentales, de la coexistence humaine.

TABLE DES MATIÈRES

Dépôt légal : septembre 2017
IMPRIMÉ EN FRANCE

Achevé d'imprimer le 8 septembre 2017
sur les presses de l'imprimerie «La Source d'Or»
63039 CLERMONT-FERRAND
Imprimeur n° 19645K

Dans le cadre de sa politique de développement durable,
La Source d'Or a été référencée IMPRIM'VERT®
par son organisme consulaire de tutelle.
Cet ouvrage est imprimé - pour l'intérieur - sur papier offset 90 g
provenant de la gestion durable des forêts,
produit par des papetiers dont les usines ont obtenu
les certifications environnementales ISO 14001 et E.M.A.S.